Unterwegs in Italien

Unterwegs in Italien

Apulien

Trulli und staufisches Erbe

Fotos: Gianni Berengo Gardin

Kümmerly+Frey

Fotos:
Gianni Berengo Gardin

Gesamtredaktion:
Maria Raffaella Fiory Ceccopieri

Textautoren:
Giuseppe Andreassi
Emanuela Angiuli
Pina Belli D'Elia
Dino Borri
Cosimo Damiano Fonseca
Giovanni Fuzio
Mara Labriola
Nino Lavermicocca
Mario Manieri Elia
Pietro Marino
Ruggiero Mascolo
Giosuè Musca
Maria Luisa Nava
Antonio Novembre
Nico Perrone
Edoardo Pezzuto
Franco Porsia
Giuseppe Radicchio
Francesca Radina
Amerigo Restucci
Franca Rossi
Franco Scolamacchia
Roberto Spagnolo
Marcello Vuozzo

Übersetzung ins Deutsche:
Regula Kühne, Prato

ISBN 3-259-08753-2

Apulien, das Land der tausend Gesichter – wohlbekannt, aber so reich an angenehmen Überraschungen, daß es zu Recht berühmt ist –, bietet eine außergewöhnliche Fülle von verschiedenen Landschaftsbildern. Die Buchten an der Küste mit ihrem klaren Wasser bilden einen Kontrast zum rauhen, steinigen Landesinnern, die riesigen, eintönigen Kornfelder des Tavoliere wechseln mit Olivenbäumen ab, die von Gegend zu Gegend so verschieden sind, daß sie der Phantasie eines geschickten Malers entsprungen scheinen; eine lebhafte Abfolge von ständig wechselnden Ausblicken, von denen uns einer wegen seiner Einzigartigkeit zu verweilen gebietet: die Trulli, geheimnisvolle, versteinerte Zelte im Valle d'Itria.
Die Landschaft wird noch bereichert durch geschichtliche und kunsthistorische Schätze von größter Bedeutung – vom Reiz des Castel del Monte zur höchst verfeinerten Barockatmosphäre in Lecce, von den geheimnisumwobenen, vorgeschichtlichen Denkmälern zum Zauber der romanischen Kirchen. Aber wenn man das Bild einer Region umreißen will, muß man auch auf ihre aktuelle Physiognomie eingehen. Das Apulien der achtziger Jahre durfte deshalb nicht fehlen, mit seiner originellen Tatkraft und seinem Willen, Lösungen für die Probleme unserer Zeit zu finden. Die Ökonomie der Region hat zweifelsohne nichts mit der stereotypen Trägheit Süditaliens zu tun, sondern wetteifert mit dem Norden, richtet man sein Augenmerk auf die tausend kleinen und mittleren Agrar- und Industrieunternehmen, die in die ganze Welt exportieren, oder auf Bari, das nicht zuletzt wegen der wichtigen Rolle, die die dortige Messe Fiera del Levante spielt, zum ökonomisch fortschrittlichsten Zentrum Süditaliens geworden ist. Und schließlich ist Apulien eine Region, wo neben den Zukunftsvorstellungen noch die alten, durch Jahrhunderte hindurch unveränderten Sitten und Bräuche lebendig sind.

Riccardo Ricas Castagnedi
Präsident des Touring Club Italiano

Inhaltsverzeichnis

Die Autoren der kursiv gesetzten Texte sind: Amerigo Restucci (S. 46, 140), Nino Lavermicocca (S. 76), Pina Belli D'Elia (S. 98, 118, 146), Roberto Spagnolo (S. 190, 194), Edoardo Pezzuto und Dino Borri (S. 272).

1

Apulien zwischen Mythos und Zukunft

Unter den Regionen Süditaliens hat Apulien seit jeher eine Sonderstellung eingenommen, die mit der Formel «die nördlichste und am wenigsten südliche Region Süditaliens» umschrieben werden kann.
Für den, der in den Jahren vor dem Zweiten Weltkrieg in Bauerndörfern Lukaniens oder Kalabriens in einer Welt lebte, wo die Zeit stehengeblieben war, stellten Apulien und die Apulier den Fortschritt dar. Von dort stammten die im Zurückschneiden der Obstbäume und im Anlegen von Rebbergen bewanderten Landarbeiter; dort erstreckt sich über 460 000 ha die größte Ebene Italiens, der Tavoliere, der vom Apenninengebirge, vom Gargano und von den Dünen der adriatischen Küste begrenzt wird.
Heute ist er bebaut; er ist nicht mehr die von D'Annunzio besungene südliche Steppe, in die die Herden von den Abruzzen und von Molise hinunterstiegen. Dort lag die Hauptstadt Bari mit ihrer von Palästen im Stil des faschistischen Architekten Piacentini beherrschten Strandpromenade, gleichzeitig das wichtigste Handels- und das lebhafteste Kulturzentrum. Durch die Zeitschrift «La Critica» von Benedetto Croce und die Bücher des Verlags Laterza gingen von Bari die geistigen Impulse aus, die mithalfen, Widerstand gegen den Konformismus der faschistischen Regierungskultur zu leisten.
Zur Zeit, als es noch keine Autobahnen gab und Reisen lang und beschwerlich waren, war Apulien für die übrigen Italiener eine Summe von Klischees: Tarent mit seinen Schiffswerften und der Drehbrücke; Lecce, das Florenz des Südens, wo man keinen Dialekt sprach und wo ein feinsinniges Bürgertum und eine nicht minder feinsinnige Aristokratie ihre barocken Paläste bewahrten; Brindisi erinnerte an das klassische Altertum, an die Reisen des Horaz auf der Via Appia; Foggia war ein von den Kriegsmeldungen her vertrauter Name (wer erinnerte sich nicht daran? «Alliierte Truppen haben Foggia bombardiert»): 25 000 Tote auf 65 000 Einwohner, die Stadt dem Erdboden gleichgemacht.
Auch als die spanischen Bourbonen beim Versuch, das Königreich Neapel neu zu organisieren, Giuseppe Maria Galanti mit einer Untersuchung betrauten, stellte sich heraus, daß Apulien etwas Besonderes war. In seiner «Neuen historischen und geographischen Beschreibung beider Sizilien 1786 und 1788» fallen einige bis heute grundlegende Aspekte auf: «Im Binnenhandel sind die Leute aus Bari die Aktivsten all dieser Provinzler», und Galanti beschreibt (es könnten heutige Erwägungen sein) die antiquierten Normen und die Nachlässigkeit der Behörden, die «die Erschließung der natürlichen ökonomischen Ressourcen aufhalten».
Es ist eigenartig, wie gewisse Merkmale unverändert geblieben sind. Schon damals galt Lecce als «sehr angenehmer Aufenthaltsort» und ist Gerichtssitz, Gallipoli ist der erste Ort Europas für das Olivenöl, und Molfetta, Bari, Mola, Barletta, Trani, Bisceglie und Monopoli sind Fischerorte, treiben Handel mit Getreide und – so Galanti – entfalten «große Aktivität im Überseehandel und bringen tüchtige Seeleute hervor». Apulien hat sich am Ende des Zweiten Weltkriegs, als für ganz Süditalien ein neuer Geschichtsabschnitt begann, endgültig von allen Klischees befreit und ist zur interessantesten sozialen Realität des Südens geworden. Nach dem 8. September 1943, als König Viktor Emanuel und Badoglio von Pescara nach Brindisi flüchteten, schien es sogar, daß sich die Geschichte Italiens im Königreich des Südens konzentriere. Bari stellte damals die antifaschistische Alternative dar mit dem Kongreß der nationalen Befreiungskomitees und seinen Zeitschriften, Zeitungen und dem Radio, sämtlich Sprachrohre, durch die die liberalsozialistischen Intellektuellen und die Croce-Anhänger zur Freiheit und Demokratie im übrigen Land aufriefen.
Nachdem die Diktatur gestürzt war, trat ein anderer, grundlegender Aspekt Apuliens zutage:

1 Eine Gruppe von Trulli im Valle d'Itria. Ein charakteristisches, wohlbekanntes Bild der Region Apulien, einer faszinierenden Landschaft mit zahlreichen, immer verschiedenen Gesichtern.

die dramatischen sozialen Konflikte zwischen Großgrundbesitzern und Bauern in den Tagelöhnerdörfern. Schon vor der faschistischen Ära hatte die Gewerkschaftsbewegung in Apulien das allgemeine Stimm- und Wahlrecht erzwungen und damit gegenüber den Betriebsleitern aus Norditalien «denen aus dem Süden» zu ihrem Recht verholfen. Die neue Haltung des republikanischen Staates, die Sondermaßnahmen für den Süden, die Agrarreform, die sich auch auf die Großgrundbesitze Apuliens auswirkte, und die großen Bewässerungs- und Flußkanalisationsprojekte hatten ihren Ursprung in dieser Tradition der apulischen Aufklärung und des apulischen Reformismus.
Zur Zeit des Wirtschaftswunders Ende der fünfziger Jahre entleerten sich die großen Bauerndörfer der Capitanata von den Massen der Bauern, die oft blutige Aufstände angezettelt hatten. In den vierziger Jahren hatten Ortsnamen wie Andria, Canosa, Gravina, Cerignola und Minervino das Gespenst der Revolution an die Wand gemalt. In diesen Massen ohne Grundbesitz fand die Kommunistische Partei ihre Stoßkraft, Stalin war ein Rächeridol, ein geliebtes Symbol. Die Umwandlung der Bauernbetriebe und der Auszug in den Norden dank der allgemeinen Entwicklung der italienischen Wirtschaft brachten den Tagelöhnermarkt auf den apulischen Dorfplätzen für immer zum Verschwinden, entfernten jene Ungerechtigkeit und Armut und führten zu einer Sozialrevolution, die sonst nie stattgefunden hätte; aber sie vermochten nicht die Spuren des Fleißes der apulischen Bauern und Landarbeiter zu verwischen.
Wer von Ostuni – einer Gruppe von leuchtendweißen Häusern um den schmucken Dom auf einem der letzten Hügel der Murge – nach Cisternino hinaufsteigt, kann die ganze Landschaft des bäuerlichen Großgrundbesitzes bewundern. Er schuf die alte Anordnung der Gärten und Obstbäume um die Ansammlung archaischer Trulli (Rundbauten mit spitzem Dach), denen man bis nach Alberobello begegnet, dessen ganzer Stolz sie trotz der dicht daneben erbauten schrecklichen Häuserblocks sind.
Man darf nicht vergessen, daß der Fortschritt Apuliens heute nicht möglich gewesen wäre ohne das Opfer der Hunderttausende von Tagelöhnern, die ihre Ersparnisse den Familien sandten und jahrelang in den Baracken der norditalienischen, schweizerischen und deutschen Städte hausten.
Aber die Stärke der Apulier besteht darin, daß sie der Gleichmacherei Widerstand leisteten, trotz der Veränderungen, die durch die großen Industrieanlagen und die Emigration hervorgerufen wurden, und daß sie den Trullo neben der Autobahn bewahrten – kurz: in ihrer Treue zu den Wurzeln ihrer Kultur.
Wer das moderne Bari kennt, das sein Zentrum in ein kleines Manhattan umgewandelt hat, wer das städtebauliche Chaos von Foggia sieht, das aus den Zerstörungen des Krieges hervorging, der würde nicht erwarten, in Lecce die barocke Anmut seiner Paläste und seiner Kirchen zu finden, das Kloster, wo die sonst so abgeschieden lebenden Nonnen zu Ostern Lämmchen aus Mandelteig backen, oder die an Klöppelspitzen gemahnenden weißen Häuser von Martina Franca oder den himmlischen Zauber zwischen Meer und Land von Gallipoli.
Im Licht dieser Geschichte ist es nicht leicht, das Apulien der achtziger Jahre darzustellen. Jeder Ort hat seine eigene Persönlichkeit, bewahrt eifersüchtig seinen Hang zur Autonomie; man betrachte nur Hafenorte wie Molfetta, Bisceglie, Trani und Barletta mit der «Koloß» genannten Riesenstatue, die vielleicht Kaiser Valentinian I. darstellt, oder Agrarorte wie San Severo, Altamura und Ruvo. Niemand fühlt sich Bari, Tarent oder Brindisi untertan.
Die Schwäche der achtziger Jahre ist anders geartet als die der Vergangenheit mit einer bäuerlichen Gesellschaft, die in den schwarzgekleideten Frauen ihr Symbol fand und endgültig verschwunden ist; die heutige Schwäche rührt von Problemen der modernen Entwicklung her, von der Wirtschafts-

und Stadtplanung und von der immer dringender werdenden Notwendigkeit, eine neue Gesellschaftsordnung zu schaffen, nachdem sich ein Konsumwohlstand verbreitet hatte.
In den letzten fünfzehn Jahren entstanden in Apulien Tausende von kleinen und mittleren Landwirtschafts- und Industrieunternehmen, die in die ganze Welt exportieren, aber im Gegensatz zu jenen in Norditalien nicht die Vorteile einer gutausgebauten Handelsorganisation und angemessener Transportmittel genießen. Auch der kleine Schuhfabrikant hat sich Maschinen angeschafft, um die Sohlen mit dem Laserstrahl zu schneiden. Die Söhne der Landwirte verändern und modernisieren den Betrieb der Väter: Von Metapont bis Tarent, von Bari bis Monopoli wird ein sehr fortschrittlicher Anbau von Tafeltrauben, von Frühgemüse und -obst betrieben, was die ganze Wirtschaft der Region aufwertet. Bari, Barletta, Trani, Molfetta und Martina Franca produzieren und exportieren; in Ruvo di Puglia befindet sich eine der modernsten italienischen Blumengärtnereien, die holländische Techniker beschäftigt und ihre Treibhäuser mit Brennmaterial beheizt, das aus den Rückständen der Olivenölherstellung der Region gewonnen wird.
Die Tendenz, Unternehmen zu gründen, hat auch das träge Salento erfaßt. Es wäre ein Fehler, Lecce lediglich als die in der humanistischen Rechtstradition befangene Stadt zu betrachten. Kleine und mittelgroße Unternehmen sind entstanden, und die Weine des Salento werden nicht mehr nur nach Norditalien exportiert, sondern an Ort in Flaschen abgefüllt, und einige sind berühmt geworden, wie z.B. Locorotondo, Salice, Rosa del Golfo und Five Roses.
In den letzten dreißig Jahren hatten sich die Bautätigkeit und die Produktion elektrischer Energie in Apulien verdreifacht, und die Zahl der Telefonanschlüsse und der Kraftfahrzeuge ist um das Fünfzehnfache gestiegen. Symbol des modernen Apulien ist vor allem Bari, das in den letzten zehn Jahren gewissermaßen von einem Wachstumsfieber gepackt wurde, mit Hunderten von neuen Industrieunternehmen, Dutzenden von Holdinggesellschaften und großen Banken. Von einem Handelszentrum ist es zu einem Finanzzentrum geworden, Bezugspunkt nationaler und internationaler Wirtschaft, nicht zuletzt wegen der Rolle, die die «Fiera del Levante» für den Nahen Osten sowie für die Länder der dritten Welt spielt.
Was unterscheidet Bari von den anderen süditalienischen Städten? Es ist der Glaube an Werte, die im größten Teil Süditaliens fehlen. Das gesellschaftliche Ansehen und der Erfolg sind nicht wie in ganz Süditalien an die Klassenunterschiede oder an den akademischen Titel gebunden, sondern werden an der Fähigkeit, Geld zu verdienen, gemessen, wie in den kalvinistischen und sonstigen protestantischen Gesellschaftsordnungen.
Deshalb steht Bari, dessen Universität eine der aktivsten in Wissenschaft und Forschung ist, an der Spitze; deshalb konnte wenige Kilometer entfernt in Valenzano auf Initiative von Unternehmern und Wissenschaftlern Tecnopolis, das größte Zentrum fortgeschrittener Technologie Süditaliens, entstehen. Auf 40 000 ha, davon 11 000 bereits unter Dach, wurden Labore für Mikroelektronik, Robotertechnik, automatisierte Planung, Territorialinformatik und computerisierten Unterricht eingerichtet.
Tecnopolis, die Stadt der Telematik, verfügt auch über eine Schule für die Länder der dritten Welt und kann der Sammelpunkt für fortgeschrittene Industrien werden, die an der Revolution der Informatik teilnehmen möchten. Es ist mehr als nur eine Hoffnung und ein Symbol. Es ist das Zeichen, daß Apulien beschlossen hat, die Vergangenheit hinter sich zu lassen und sich voll der Zukunft anzuvertrauen.

I Der Gargano

Es ist schon eine eigenartige Atmosphäre, die den Gargano umgibt: Weniger als ein halbes Jahrhundert brauchte es, um ihn aus einer tausendjährigen Isolierung in die heutige Konsumgesellschaft überzuführen. Trotz modernster touristischer Einrichtungen scheint immer noch die Antike – mehr noch: die Verlängerung darüber hinaus bis ins Dunkel des Paläolithikums – gegenwärtig zu sein. Einst war die große Ebene von Foggia, dem Garganomassiv vorgelagert und von träge dahinfließenden Wasserläufen durchzogen, die nur zu Regenzeiten eigentliche Flüsse werden, vor allem in der Nähe der Adria ein großer Sumpf: Es gab reichlich Kraniche, Reiher und anderes Sumpfgetier. Dort entstand die große apulische Landwirtschaftskultur: Neolithische Völker, Ackerbauern und Tierzüchter, hatten dort befestigte Dörfer gebaut, die heute dank der Archäologie und Luftaufnahmen erkennbar sind. Zwischen den Intensivkulturen, die von riesigen, mechanischen Bewässerungsanlagen gekennzeichnet sind, herrscht der Anbau von Getreide vor. Die ungeheuren, im Frühjahr grünen und im Sommer ockergelben Teppiche haben die transhumanten Herden, die jahrhundertelang die Gegend bevölkerten, verdrängt.
Einst lag hier auf einem Ausläufer des Garganomassivs eine Stadt, Siponto. Ihre Kathedrale war die Kirche Santa Maria, und nicht weit davon entfernt entstand im Mittelalter die Abteikirche San Leonardo. Erdbeben und Versumpfung zerstörten jedoch die Stadt, und der Staufer Manfred, König von Sizilien, befahl Mitte des 13. Jahrhunderts, daß ihre Einwohner in einen neuen Küstenort umzögen, dem er den Namen Manfredonia gab. Heute ist Manfredonia der wichtigste Küstenort der Capitanata.
Zur Landwirtschaft, Fischerei und Industrie kommt der Tourismus hinzu, der sich vor allem auf den Lido di Siponto, einen gutausgestatteten Badeort, konzentriert. Im Stauferkastell von Manfredonia werden die daunischen Grabstelen aufbewahrt, anthropomorphe Figuren mit Szenen aus dem Alltag der Urbevölkerung der Daunia.
Von Manfredonia beginnt der Aufstieg. Der Boden wird felsig, und die Felder verschwinden (Kalkformationen), die Aussicht wechselt und weitet sich, bald gegen das apulische Flachland, bald gegen den Golf, den der Sporn des Gargano im Adriatischen Meer bildet. Nach einem Aufstieg mit wunderbaren Ausblicken stehen die ersten modernen Gebäude der Stadt Monte Sant'Angelo vor uns. Die Aussichtsstraße führt um die Stadt herum zum Heiligtum des hl. Michael: ein schauerliches Bergmassiv, von Grotten durchlöchert, wo sich die Kultur Süditaliens herausgebildet hat, bekannte und vielbesuchte Heiligtümer seit Menschengedenken. Orakel- und Sühnekulte, reinigende, heilende Kulte. Hirten und Tiere in großer Zahl, von realem und symbolischem Aussehen: Rinder, Schafe, Ziegen, Pferde. Es ist eine klare Zusammenfassung der ganzen Kultur des Gargano, einer Hirtenkultur, die als höchsten Dienst den Kontakt mit dem Göttlichen kennt. Die Zeit ändert die Namen der Gottheiten, aber diese verlangen immer Kult und Opfergaben.
Nicht weit von Monte Sant' Angelo liegt San Giovanni Rotondo. Dort wird die Landschaft mehr von der Landwirtschaft geprägt. Nach und nach verdichten sich die Wälder, wenn man gegen San Marco in Lamis fährt, ein Bauernstädtchen in einer Mulde, in dessen Nähe das Kloster San Matteo steht. Antiken Ursprungs, wurde es später von Benediktinern, dann von Zisterziensern geleitet; heute gehört es den Franziskanern. Man durchfährt in umgekehrter Richtung die alte, traditionsreiche «Via Sacra Langobardorum», die von Benevent aus über die westliche Bergflanke San Michele al Gargano erreichte, ein Nationalheiligtum der Langobarden. Die Straße entstand im Laufe der Jahrhunderte und führte an Kirchen, Klöstern und Raststätten vorbei.
Auf einer Straße mit malerischen Ausblicken – wo

S. 12–14
2 Ein charakteristischer Ausblick auf die adriatische Küste in der Nähe von Mattinata. Die grüne Bucht und der weiße Strand bilden ein typisches Panorama des Gargano-Vorgebirges, das sich mit einer zerklüfteten Küste aus kleinen Buchten, Klippen und hohen, oft steil abfallenden Felswänden ins Meer schiebt.

3 Die Straße, die nach Monte Sant' Angelo führt, fügt sich in eine Landschaft ein, wo die aus Gebüsch und Felsen bestehende Natur mit den Eingriffen des Menschen durchsetzt ist. Letztere bestehen aus Trockenmauern, in Vertiefungen des Geländes angelegten Unterschlüpfen und kleinen, spontan entstandenen Bauwerken, die es in dieser Gegend Apuliens seit jeher gab.

4 Die Landschaft um Manfredonia mit der Kirche Santa Maria Maggiore in Siponto mit viereckigem Grundriß und zentraler Kuppel. Das romanische Gebäude wurde im 11. Jahrhundert begonnen und im Laufe des 13. Jahrhunderts verändert. Auf der dem Betrachter zugewandten Fassade erkennt man in der Mitte die charakteristische halbrunde, von Pilastern in drei Blendarkaden unterteilte Apsis.

Ablagerungen von Terra rossa (Roterde) mit wohlgeformten Felsbildungen wie in einem japanischen Steingarten abwechseln – erreicht man Sannicandro Garganico, nachdem sich die Umgebung nach und nach mit Mandelbäumen, Feigenkakteen und Olivenbäumen belebt hat. Sannicandro ist fast gleich weit entfernt von den beiden Strandseen des Gargano, zwischen denen sich der Monte d'Elio erhebt, dessen Westflanke mit Olivenbäumen bestanden ist. Der Lago di Lesina und der Lago di Varano sind zwei typische Lagunen – schmal, lang und nicht sehr tief die erste, breiter, kurz und mitteltief die zweite. Sie werden von zwei ungefähr einen Kilometer breiten, aus Sand bestehenden Nehrungen, beide Isola genannt, vom Meer getrennt und stehen durch Kanäle mit dem Meer in Verbindung. Die Lagunen sind sehr reich an Fischen, der sandige Adriastrand beider Isole ist ideal zum Baden, und längs der ganzen Isola di Varano wächst ein balsamisch duftender Eukalyptuswald.

Zirka 20 km nördlich der Küste befinden sich quasi als Ausläufer des Gargano die Tremiti-Inseln, die Diomedeae der alten Karten: San Domino, San Nicola, Caprara, Pianosa und einige Felsriffe.

Wieder zurück auf dem Festland, fällt ein rascher Landschaftswechsel längs der adriatischen Küste auf. Gegen Osten findet man Olivenwälder bis nach Rodi, wo Zitrusbäume auch in Parks der Stadt das Bild bestimmen. Aber bereits herrscht das Meer vor. Die Kulturlandschaft ändert ihr Gesicht: Eine lichtvolle Mittelmeerlandschaft prägt das Bild. An der adriatischen Küste des Gargano folgt ein Küstenort von internationalem Ruf auf den andern. Die abgesonderte, verschlossene, traditionelle Kultur wich einem von Camping, Badeorten und touristischer Infrastruktur getragenen Kosmopolitismus. Aber es genügt, ins Innere vorzudringen – von San Menaio aus z.B. – und, die Sandküste im Rücken, zwischen Pinien, Zitrus- und Olivenbäumen gegen Vico del Gargano hochzusteigen, um sich in eine andere Kultur versetzt zu fühlen. Hier erstreckt sich die Foresta Umbra, ein großartiger Wald, über ungefähr 11 000 ha. In der Nähe befindet sich die Kreuzung, wo die alte Straße nach Monte San Michele führt und die neue zur Strada statale 89 Peschici–Vieste.

4

5

5 Teilansicht der Fassade von Santa Maria Maggiore in Siponto. In diesem Teil der Kirche befinden sich ein Portal in apulischem Stil, das auf das 13. Jahrhundert zurückgeht, und eine Reihe von Blendarkaden, die mehrfach eingerahmte Rhomben mit unterschiedlich dekoriertem Grund aufweisen.

6 Das reiche Portal aus dem Anfang des 13. Jahrhunderts an der Abteikirche San Leonardo in Siponto. Das Bauwerk, das auf Ende des 11. oder Anfang des 12. Jahrhunderts zurückgeht, unterstand 1127 den Augustiner-Chorherren, ging später an die Deutschordensritter und schließlich an die Franziskaner über. Die strenge Architektur der Gesamtanlage wird an der linken Seitenmauer durch ein schönes Portal bereichert, das vom Geschick der apulischen Bildhauer vom 11. bis zum 13. Jahrhundert zeugt, als sich vor allem in den Bauten Friedrichs II. eigene Kunstformen herausbildeten, die man in Apulien und in den angrenzenden Regionen antrifft. Der Baldachin stützt sich unten auf zwei Löwen und oben auf zwei Greifen. In der Mittelzone des Portals Pflanzen- und Tiermotive sowie Kapitelle mit Figuren von Gläubigen und den Heiligen Drei Königen, in der Lünette ein schöner Christus mit Engeln.

6

7, 8 Halbfertige Schiffe im Hafen von Manfredonia. Oft trifft man vor allem an der adriatischen Küste nördlich von Bari interessante Werften für kleine Fischerboote, Kähne oder Holzboote an. Das Geschick der Schiffszimmerleute und das handwerkliche Flair der Werften zeugen davon, wie sehr die einheimische Bevölkerung seit jeher mit dem Meer verbunden ist.

7

8

Die Grabstelen von Siponto

9–12 In der Burg von Manfredonia werden die antropomorphen daunischen Grabstelen aufbewahrt, auf denen reiche Kleidung, Waffen, Alltagsszenen oder rituelle und

Die kulturelle Autonomie und die Originalität der Daunier zeigen sich, außer im typisch bemalten Geschirr, in der Produktion von Grabstelen aus Stein, die die aufrechte und mit einem reichen Gewand verzierter Figur des Verstorbenen darstellt. Diese anthropomorphen Stelen wurden in den wichtigsten daunischen Ortschaften gefunden, besonders viele in der Küstengegend, die zu den Städten Siponto und Salapia gehörte. Die Stelen sind zwischen dem Ende des 7. und dem Anfang des 5. Jahrhunderts v. Chr. zu datieren, d.h. zur Zeit der höchsten Blüte der Daunia. Sie wurden aus flachen, rechteckigen Kalkplatten aus der Umgebung gewonnen und weisen eine Höhe von 40 bis 130 cm auf.
Die Dekoration, die alle Seiten bedeckt, besteht aus Ritzzeichnungen, zum Teil mit roter oder schwarzer Farbe verstärkt, die ziemlich schematisch den Verstorbenen darstellen. Der Körper wird von einem langen, bestickten Gewand eingehüllt, aus dem nur die auf der Brust verschränkten Arme hervorschauen und auf das Schmuckgegenstände oder Waffen gesteckt oder gelegt sind. Die Stelen mit Verzierungen – sie beziehen sich auf hervorragende Persönlichkeiten sowohl männlichen als auch weiblichen Geschlechts – weisen behandschuhte Unterarme und Schmuck wie Halskette und auf die Brust geheftete Fibeln mit Anhängern auf und von der Taille an abwärts Bänder mit runden oder granatapfelförmigen Anhängern. Die Kriegerstelen haben nackte Arme und einen rechteckigen Kardiophylax (Herzschutz) mit konkaven Seiten als Panzer, an dem ein Schwert mit Kreuzgriff hängt, das quer über den Körper gelegt ist, mit der Parierstange unter der rechten Hand, offensichtlich in ritueller Position.

Das Besondere und Originelle der Stelen besteht jedoch in Szenen der Zwischenräume. Dort werden, oft in recht komplizierten Darstellungen, wirklichkeitsgetreue und erdachte Menschen und Tiere abgebildet. Hier zeigt sich die außerordentliche Fähigkeit der Daunier, in Bildern

9

10

11

mythologische Motive eingeritzt sind. Die mythologische Welt der Daunier bietet interessante Analogien zu der anderer mediterraner Völker: Es erscheinen aus anderen Kulturen jener Zeit wohlbekannte Fabelwesen wie die Chimäre, der Pegasus und der Drache (hier als Meerungeheuer).

nicht nur Momente des Alltags darzustellen, sondern vor allem Begräbniszeremonien, Riten, die Unterwelt und ihr eigenes mythisches Pantheon. Neben der Jagd, dem Fischfang, dem Mahlen von Getreide und der Weberei erscheinen Darstellungen religiöser Prozessionen, Totenmähler, ritueller Kämpfe und Opfergaben für die Verstorbenen.

12

13

Monte Gargano – Gran Sasso von Apulien

Der «Sacro Speco» (heilige Höhle) des Gargano war der Kultort par exellence des Erzengels Michael. Sein Ursprung verliert sich im Dunkel der Zeiten: Die Weite der Höhle, ihre Lage auf dem Gipfel des «apulischen Gran Sasso» und ihre reizvolle Umgebung bestimmten seit jeher ihre Kultfunktion. In historischen Zeiten war der Berg Sitz eines Orakel-Heiligtums Jupiters. Die Mykener (deren Anwesenheit im garganischen Vorgebirge durch die Verbreitung des Kults des Diomedes belegt ist, eines der griechischen Helden der «Ilias», sowie durch die Erinnerungen an Homers Epos, die in den berühmten daunischen Grabstelen dargestellt sind), benutzten den Sacro Speco, in dessen Nähe gemäß Strabo ein Heiligtum Kalchas gewidmet war (dem berühmten griechischen Seher aus der «Ilias»), wo man den Ritus der Inkubation pflegte, des Tempelschlafs: Die Gläubigen mußten auf dem Fell eines geopferten schwarzen Widders schlafen und das Orakel oder die Heilung abwarten. Ein anderes Heiligtum war einem Lokalgott, Podaleirios, gewidmet und hatte mit dem Kult von Heilwasser zu tun. Im Neolithikum (5500–3000 v. Chr.) wurde in der Grotte Scaloria in der Nähe von Manfredonia das tropfende Wasser in heiligen Vasen gesammelt, die heute noch in Museen von Foggia und Manfredonia aufbewahrt werden. An denselben Kult des heilenden Wassers, das in Gefäßen aufgefangen wird, erinnert im Mittelalter der Mönch Bernardo, Pilger zum Sacro Speco, der jetzt in die «Grotte des Erzengels» umgewandelt ist. Eine wirklich eindrucksvolle Fortdauer des Kults vom Anfang der Zeiten durch Jahrhunderte hindurch: vom Heiligtum der Daunier zum römischen Mithräum, zum Heiligtum der Byzantiner, Langobarden, Normannen, Staufer, Anjou, bis zum volkstümlichen, heute noch frequentierten Heiligtum (bis vor wenigen Jahrzehnten mit fast identischen Riten). Die Christianisierung des Monte Gargano und seiner berühmtesten Höhle (der Grotte des Erzengels) folgte wahrscheinlich auf die Verbreitung des Christentums am Fuße des Berges und in der Ebene von Siponto, wo sich in Städten wie Lucera, Apri, Siponto und Salapia Christengemeinden, Diözesen und Bischofssitze bildeten. Zahlreich und eng sind durch das ganze Mittelalter hindurch Verbindungen zwischen dem garganischen Felsheiligtum und der Mutterkirche von Siponto. Die Errichtung des Heiligtums verdanken wir größtenteils den Langobarden, von denen man durch Ausgrabungen Spuren nachweisen konnte in Bauten, in der Ikonographie und in den Inschriften von Grimoald (Herzog von Benevent bis 662), seinem Sohn Romuald I. und von Romuald II. (Herzog von Benevent von 706 bis 731). Den Anjou verdanken wir die Fassade der oberen Basilika, den Eingang zur Höhle und den schönen Glockenturm, der nach dem achteckigen Vorbild der Türme des Castel del Monte 1274 von Giordano und Maralda erbaut wurde.

Byzantinisch-normannische Überreste finden wir im Portal der unteren Basilika und vor allem in den herrlichen Bronzetoren mit tauschierten Tafeln, die 1076 in Konstantinopel im Auftrag des reichen Kaufmanns Pantaleone von Amalfi gegossen wurden. Die heilige Grotte, in der sich eine mehr als tausendjährige Geschichte widerspiegelt, hat zur Entwicklung der Gegend beigetragen, indem sie die traditionelle Isolierung durchbrach. Der Komplex der Sakralbauten um die Grotte herum hat den Stadtbauplan des garganischen Städtchens Monte Sant'Angelo bestimmt. Es entstand um jenen Kern, der ursprünglich auch die heute von der Via Reale Basilica abgetrennten Gebäude der verfallenen Kirche San Pietro, Santa Maria Maggiore und der sogenannten Tomba di Rotari umfaßte.

Es handelt sich um drei berühmte Gebäude, fast Inkunabeln der christlichen Architektur des Gargano, in gewissen Aspekten noch heute geheimnisvoll, sind doch die Funktion und die Typologie der Tomba di Rotari bis heute noch nicht geklärt; die aktuelle Forschungsmeinung

13 Eine Gasse im ältesten Teil von Monte Sant' Angelo. Diese Ortschaft des Gargano in Panoramalage mit Blick auf den Golf von Manfredonia und den Tavoliere entwickelte sich um den Kult des Erzengels Michael und sein Heiligtum, eines der ältesten der Christenheit.

14 Monte Sant' Angelo ist seit vielen Jahrhunderten ein Wallfahrtsort. Die Stadt weist größtenteils mittelalterliche Merkmale auf, vor allem im charakteristischen Viertel Junno, wo einfachere Häuser neben anspruchsvolleren Wohngebäuden stehen.

geht dahin, daß es sich wohl doch nicht um das Grab des Langobardenkönigs Rothari handelt (wie der italienische Name besagt), sondern um ein Baptisterium aus dem späten 12. Jahrhundert.
Die Fassade der Kirche Santa Maria Maggiore mit den gleichen Bogenverzierungen wie die Kirche Santa Maria von Siponto ist noch intakt. San Pietro dagegen weist, wie das wiederentdeckte Kirchlein San Salvatore, typische Merkmale mittelalterlicher Architektur auf (Fensterrose). Die militärischen Ereignisse des Dorfes – Schlachten und Belagerungen zur Eroberung des begehrten Heiligtums – finden ihren Widerschein in der Burg mit ihrer byzantinischen, langobardischen und normannischen Phase. Der Alltag des Städtchens dagegen, das sich um das Heiligtum schart, zeigt sich vor allem im charakteristischen Viertel Junno mit seinen äußerst einfachen, weißen, eng aneinandergebauten Häusern.
Von den andern Felsenkirchen des garganischen Vorgebirges ist die schöne, alte Abtei Santa Maria di Pulsano zu erwähnen. Auch sie entstand möglicherweise gleichzeitig oder kurz nach dem Heiligtum des Erzengels Michael und gelangte im 11. und 12. Jahrhundert zu großer Blüte, wie ihre noch erhaltenen Kapitelle beweisen, die auf gleiche Art verziert sind wie die noch gut erkennbaren in der ziemlich ähnlichen Abtei San Leonardo di Siponto.

14

15 Die Grotte des Heiligtums des Erzengels Michael. Gemäß der Überlieferung erschien der Erzengel Michael in dieser Grotte und verteidigte die Stadt gegen die anstürmenden Germanen; hier gründete 493 der Bischof von Siponto eine Kirche. In der Folge wurde die Kirche zuerst Heiligtum der Langobarden, dann Vorposten der römischen Kirche und schließlich Etappe für Wallfahrer und Kreuzritter. Unter Friedrich II. wurde die zur Stadt gehörige Burg restauriert.

16 Der Hof des Heiligtums mit dem Bronzetor, das Ende des 11. Jahrhunderts in Konstantinopel angefertigt wurde. Das Tor besteht aus zwei Flügeln mit je zwölf Tafeln mit Darstellungen aus dem Alten Testament auf der linken und Legenden des Erzengels Michael auf der rechten Seite.

15

17 Der Bischofsthron aus Marmor (12. Jahrhundert) steht auf zwei Löwen und ist im oberen Teil reich mit byzantinischen Motiven verziert.

18 Die Gläubigen, die das Heiligtum aufsuchten, hinterließen durch die Jahrhunderte ihre Namen oder Abdrücke ihrer Hände und Füße zum dauernden Andenken und zur Verewigung des ihnen zuteil gewordenen Segens.

16

17

18

19 Der bedeutende architektonische Komplex von Monte Sant' Angelo mit der Tomba di Rotari, der Apsis der zerstörten Kirche San Pietro und der Fassade von Santa Maria Maggiore. Tomba di Rotari ist eine irreführende Bezeichnung; das Bauwerk ist nicht – wie der Name suggeriert – das Grab des Langobardenkönigs Rothari, sondern wohl ein Baptisterium aus dem späten 12. Jahrhundert. Es besteht aus einem mächtigen Viereck mit einer Galerie von Fenstern in der oberen Hälfte.

20 Die Tomba di Rotari wird noch faszinierender durch das schöne Basrelief am Eingangstor. Dargestellt sind unten die Gefangennahme Christi, im oberen Teil die Kreuzabnahme, die beiden Marien am Grab und die Auferstehung.

19

20

21 Nicht selten entdeckt man im Gargano eigenartige Bauwerke auf manchmal schwer zugänglichen Felsgipfeln. In einigen Fällen handelt es sich um kleine Kultgebäude, um Votivkapellen zum Schutz gegen die Sarazenen (Araber und Berber), die seit dem 9. Jahrhundert von den Küsten Nordafrikas gegen Sizilien und Süditalien vordrangen. In andern Fällen sind es Unterkünfte für Hirten oder Beobachtungspunkte.

21

22 Im Innern des Gargano trifft man wenige Kilometer von Sant' Angelo entfernt auf die Überreste der Abteikirche Santa Maria di Pulsano; 1129 über einem von den Sarazenen zerstörten Kloster erbaut, wurde sie in der Folge eines der wichtigsten Zentren für die Verbreitung des Benediktinertums. Von hier strömten Mönche mit neuen Kunstformen und Normen für die Organisation des römischen Kults nach ganz Süditalien aus.

22

23, 24 Zwei Innenansichten eines in der apulischen Landschaft häufig vorkommenden Bauwerks: eines Bauernhofs. Es handelt sich um landwirtschaftliche Unternehmen verschiedener Tätigkeitsbereiche, vom Getreideanbau bis zur Herstellung von Käse und anderen Milchprodukten. Es sind fast immer Agrarbauten mit unregelmäßigem, dem jeweiligen Gelände angepaßtem Grundriß, Zentren eines bäuerlichen Gemeinwesens. In diesen Gebäuden findet man noch traditionelle Arten der Milchverarbeitung.

23

24

Der Tourismus – eine Einnahmequelle

25 Die Ortschaft Mattinata weist die typische Anordnung der Gebäude an den Abhängen der Hügel auf.

Bereits in der Antike wurde der Gargano zu religiösen Zwecken aufgesucht. Im Mittelalter zog der hl. Michael Pilgerscharen aus der ganzen damals bekannten Welt an. Die Straßen führten jedoch nicht in den nördlichen Teil des Bergmassivs, der so bis in jüngste Zeit natürlich und wild, isoliert und schwer zugänglich blieb. Hier erreichte man die Orte bequemer vom Meer her als zu Land. 1931 wurde die elektrische Eisenbahn dem Betrieb übergeben, die San Severo mit Peschici verbindet. Der Ausbau des Küstenstraßennetzes durchbrach dann die Isolierung endgültig. Heute gibt es keine Ortschaft im Gargano mehr, die nicht leicht zu erreichen wäre. Dies erlaubt Apulien die intensive Erschließung einer der außergewöhnlichsten Landschaften Italiens. Auf über 130 km folgen aufeinander Strände, Buchten, Meeresgrotten, steile, zerklüftete Felsküsten, Klippen, malerische, grüne Abhänge, kurze, durch die Waldlücken erkennbare Sandstrände, überraschende, auf den Küstenfelsen verschanzte Dörfer und erstaunliche archäologische Überreste – dies alles fügt sich zu einem Ganzen, das heute in keinem Reiseführer mehr fehlt. Dank den Naturschönheiten des Gargano wurde der Tourismus innerhalb weniger Jahre zu einer Industrie, die meist sogar die Belange der Umwelt genügend berücksichtigen konnte. Das Angebot reicht vom Campingplatz bis zum großen Hotelkomplex, vom Bungalowdorf bis zum Feinschmeckerrestaurant und erfaßt auch mehr und mehr das Innere der Region. Der Tourismus ist heute einer der größten Arbeitgeber des Gargano; trotzdem scheint er das Landschaftsbild sowie die Ursprünglichkeit des ländlichen Lebens nicht grundlegend verändert zu haben. Noch begegnen auf den von Olivenbäumen gesäumten Straßen die Wohnwagen dem Bauern, der auf einem vollbepackten Esel reitet, und der Hirt kümmert sich um das neugeborene Lämmchen; von den hohen Küstenfelsen aus benutzen die Fischer immer noch die traditionellen Fischereigeräte.

25

26–28 Einige Bilder aus Vieste. Altes und Neues, Votivnischen und Zeichen der Konsumgesellschaft scheinen in den Straßen dieses garganischen Städtchens nebeneinander zu existieren. Auch die typische Wohnungseinrichtung zeugt davon, wie langsam die Zeit in dieser Zone Apuliens fließt.

26

S. 40/41
29 An der garganischen Küste bei Peschici. Der «trabucco», das traditionelle, eigenartige Fischereigerät, erinnert in Form und Namen an alte Waffen – tatsächlich bezeichnet der hochitalienische Ausdruck «trabocco» das Katapult, jene Wurfmaschine, die als Vorläufer der Geschütze bei Belagerungen eingesetzt wurde.

27

28

30, 31 Die Küste von Rodi mit ihrer Bucht zeigt, wie in den Dörfern des Gargano zwei Seelen leben, die eine mit den Bräuchen und Gewohnheiten dem Meer zugewandt, die andere bäuerlich. Das Bild Nr. 31 mit Häusern der Altstadt führt uns in den seit dem 8. Jahrhundert v. Chr. bewohnten Stadtkern.

30

S. 44/45
32 Vico Garganico, ein Dorf im Innern des ausgedehnten apulischen Vorgebirges, besteht aus einfachen Häusern; hier, wo Zitrusfrüchte und Getreide angebaut werden, ist das Meer fern, und es herrscht die typische Atmosphäre des süditalienischen Landesinnern.

31

33–35 Netze flickende Fischer und die für die Binnenfischerei charakteristischen Geräte sind ein häufiger Anblick am Lesina- und am Varano-See. Neben diesen überlieferten Methoden des Fischfangs gibt es hier die moderne Aquakultur, d.h. auf engstem Raum wird Intensivhaltung von Fischen betrieben. Die beiden Seen sind bekannt für ihren Reichtum an Wasservögeln.

33

34

35

Die Tremiti

36 Ein reizvoller Anblick von Caprara (oder Capraia), einer der Tremiti-Inseln. Im Vordergrund die reiche Vegetation der Macchia mit Mastixsträuchern, Rosmarin, Erdbeerbäumen und Myrten, die den felsigen Boden, auf dem diese Pflanzen gedeihen, mit den unterschiedlichsten Farben beleben.

Drei winzige Inseln (alle zusammen bedecken kaum 3 km^2) und einige Felsriffe mitten im Meer, 22 km von der Küste des Gargano entfernt – das sind die Tremiti. Derart isolierte Fleckchen Erde konnten ihrer geographischen Lage wegen in der Vergangenheit zu nichts anderem gut sein als zu Festungen oder Gefängnissen und können sich heute nur dem Tourismus zuwenden. Die Tremiti waren all dies. Sie waren schon Verbannungsort für die Römer. Im 11. Jahrhundert finden wir auf der ungastlichen Insel San Nicola eine Benediktinerabtei; ein Abt namens Alberich (Alberico) baute 1045 die Kirche um.
Das Kloster hatte auch eine eigene Flotte, um die Pilger auf der Überfahrt zum Heiligtum des Erzengels auf dem Gargano vor den Piraten zu schützen. Auf den gegenüberliegenden grünen, flachen Insel San Domino bauten die Mönche so gutgedeihende Reben an, daß die Insel auch «Paradiesgarten» genannt wurde. Capraia, jetzt so kahl, scheint von Bäumen bestanden gewesen zu sein und wurde als Schafweide benutzt. Pianosa, wesentlich weiter entfernt und strenggenommen nicht mehr zu den Tremiti gehörig, ist gänzlich unbewohnbar. 1237 wurden die Benediktiner von San Nicola vom Papst verjagt, und Zisterzienser folgten nach. Sie erweiterten die Kirche und versahen das Kloster mit einem dichten Netz von Befestigungen. Aber diese waren ungenügend, oder die Mönche wurden – so jedenfalls will es die Legende – durch eine Scheinarchitektur genarrt. Fest steht jedenfalls, daß die Korsaren San Nicola plünderten und zerstörten, so daß die Abtei für über ein Jahrhundert verlassen wurde.
Gregor XIII. ordnete weitere Befestigungsarbeiten an und übergab die Insel 1412 den Laterankanonikern. Diese kümmerten sich um die Verteidigungsstrategie – fast täglich griffen die Korsaren an, und 1567 mußte die Insel 150 türkischen Galeeren standhalten –, aber auch um die Architektur: Aus dieser Zeit stammt die Renaissancefassade der Kirche, ein Werk von Andrea Alessi von Durazzo und des Florentiners Niccolò di Giovanni Cocari. Die Mauern und die Innenausstattung des Mittelalters blieben jedoch unverändert und bilden einen ungewohnten Anblick: Gemauerte Säulen umgeben einen viereckigen Raum und trennen diesen von einem Wandelgang, der an allen vier Seiten entlangführt und sich auf den Seiten gegen den Eingang verdoppelt. Der Fußboden ist von einem eigenartigen Mosaik bedeckt, das sich im Presbyterium fortsetzt und Fabeltiere darstellt.
Im 17. Jahrhundert wurden die Kanoniker von Ferdinand IV. von Bourbon vertrieben. 1782 wurde die Abtei aufgehoben, und ihre Güter wurden eingezogen. Die Insel wurde wieder – wie zur Zeit der Römer – Verbannungsort, bis Ferdinand II. im 19. Jahrhundert die Strafkolonie in ein Gemeinwesen umwandeln wollte. Er teilte den Sträflingen ein Stück Land zum Bebauen und Boden für ein Haus zu und ungefähr hundert Frauen, Prostituierte aus Neapel (darauf wird der besondere Dialekt zurückgeführt, der auf den Tremiti noch gesprochen wird). 1933 wurde eine Gemeinde mit Namen Tremiti geschaffen. Aber erst nach dem Sturz des Faschismus wurden die Inseln nicht mehr als Verbannungsort benutzt. In einer der ersten Sitzungen des Gemeinderats wurde der Tourismus als erstrebenswerte Entwicklungsrichtung vorgeschlagen. Die Idee schien damals absurd, weil es keinen Hafen und kein Wasser gab. Der Tourismus setzte in der Tat erst spät ein und hat einen einfachen und sportlichen Charakter beibehalten. Obwohl Villen und Luxushotels errichtet wurden, sind die Inseln autofrei (nach San Nicola gibt es nur eine Personenfähre), und San Nicola und San Domino sind nur durch Bootsverkehr miteinander verbunden. Im Tourismus arbeiten sämtliche 300 Einwohner, die jedoch die Inseln größtenteils im Winter verlassen.

36

37 Auf den Tremiti, seit frühester Zeit bewohnt und ursprünglich Diomedeae genannt, ist das natürliche Gleichgewicht erhalten geblieben. So kommt zu den Baudenkmälern einiger dieser Inseln eine der reichhaltigsten und charakteristischsten Mittelmeerfloren hinzu.

37

38 Die Grotta delle Viole auf San Domino ist einer der bezauberndsten Orte der stark zerklüfteten Küste dieser Insel. Diese Grotten erhöhen noch den Reiz der Buchten, die das Meer im Laufe der Jahrhunderte ausgespült hat.

38

II Der Tavoliere

Der Ursprung von Foggia ist gemäß der Legende von Schleiern umgeben, und das im wahren Sinne des Wortes: Im Jahr 1000 standen im Zentrum der Ebene des Tavoliere nichts weiter als eine Gruppe von Hütten und die Taverna del Gufo (Taverne der Eule), wo Hirten und Wanderer Rast machten. Eines Nachts sahen einige Hirten in der Nähe eines Weihers drei Flämmchen. Tags darauf begaben sie sich zu jener Stelle und fanden eine in sieben Schleier gewickelte Ikone der heiligen Jungfrau. Das Bild wurde in die Taverna del Gufo gebracht, und die Bewohner des alten Arpi strömten herbei. So entstand der Kult der Madonna der sieben Schleier, daraus die Stadt Foggia (Fovea = niedriger, sumpfiger Ort), die ihre Blüte unter dem Staufer Friedrich II. erlebte.
Nicht weit von der Hauptstadt erschien einem anderen Hirten ein anderes berühmtes Bild, das der gekrönten Gottesmutter, im Laub einer Eiche versteckt, würdevoll, mit dunklen Händen und dunklem Gesicht. Noch heute ist das Heiligtum der Gekrönten das größte Zentrum des Marienkults in Apulien. Madonnen werden auch sonst in der Capitanata, nicht nur im Tavoliere verehrt; ihre Gründungsmythen leiten ihren Ursprung fast immer von Hirtensiedlungen der Ebene her, und vielleicht ist gerade hierin der ökonomisch-religiöse Schlüssel für die soziale, künstlerische und kulturelle Geschichte der Ebene Apuliens zu suchen. Diese Geschichte ist von der Transhumanz (Wechsel des Weideplatzes je nach Jahreszeit) geprägt.
Der Name Tavoliere kommt von den «tabulae censuales», Verträgen, die unter römischer Herrschaft von den Zensoren mit jenen abgeschlossen wurden, die den Boden als Weide in Pacht nehmen wollten. Die Herden stiegen zwischen Herbst und Frühjahr vom Sannio, von der Irpinia, vom Subapennin, von den Abruzzen und von Molise herunter. Die bis 111 m breiten, grasbewachsenen Transhumanztriften, die von den Bergen des Apennin zur Ebene hinabführen und diese strahlenförmig durchqueren, waren die «tractoria» des Codex Theodosianus und des Codex Justinianus.
Bis in die fünfziger Jahre dieses Jahrhunderts zogen Herden von Tausenden und Abertausenden von Schafen, Ziegen, Pferdern, Kühen und Büffeln durch die Ebene. Dazu gehörten Hirten zu Fuß, weiße, struppige, bissige Hunde, berittene Hirten sowie mit Zeltstangen, Zelten und einer kompletten Ausrüstung für die Verarbeitung der Milch beladene Maultiere. Der Weidegang richtete sich nach einem Liturgiekalender, der an den Kult des hl. Michael des Gargano gebunden war: Er dauerte vom 29. September bis zum 8. Mai. Der große Handel, der durch die Transhumanz entstand – der Verkauf von Tieren, Wolle und Käse –, wurde von Friedrich II. durch den Jahrmarkt von Foggia, wo der Kaiser sich einen stolzen Palast hatte bauen lassen, geregelt. In dieser Stadt, die «caput pecudum» (Hauptstadt des Weideviehs) geworden war, wurde 1447 von Alfons I. von Aragonien die Regia Dogana eingerichtet, eine Behörde, die die Gebühr für die zur Weide auf dem ganzen königlichen Gebiet des Tavoliere zugelassenen Tiere regelte. All jene, die die Weiden des königlichen Hofs in Pacht nahmen, waren gezwungen, ihre Produkte auf dem Jahrmarkt von Foggia zu verkaufen, der am 8. Mai begann und oft bis August dauerte. Diese durchorganisierte Verwaltung kennzeichnete nicht nur die Landschaft des Tavoliere, sondern die ganze Capitanata bis 1865. Wegen des Reichtums, den die Gebühren für so viele Tiere darstellten, wurde der Tavoliere auch zum Schauplatz bewaffneter Angriffe. Die Heere von Ferdinand von Aragonien, von Johann von Anjou und später von Karl VIII., Ludwig II. und Franz I. verließen bei Herbstanfang die Schlachtfelder und eilten zum Tavoliere. Derjenige, der den andern zuvorkam, zog die Gebühr ein und sicherte sich so die Gelder für ein Jahr Krieg.
Mit den Franzosen unter Napoleon I. verschwand die Einrichtung der Dogana in der Ebene des Tavoliere, aber mit den Bourbonen kamen 1817

S. 53/54
39 Kornfeld im ausgedehnten Gebiet (3000 km²) nördlich von Bari, das die Tavoliere genannte Ebene bildet. Einst durchquerten Triften für die Herden diese Zone, die vor allem wegen der endlosen Kornfelder eine der charakteristischsten Apuliens ist.

40 Die zur Erntezeit typisch gelb-, im Frühjahr grüngefärbten ausgedehnten Flächen der Kornäcker mit den unregelmäßig über das Land verstreuten Bauernhäusern.

41 Mähdrescher bei der Arbeit im Tavoliere; neue Techniken haben in den letzten Jahrzehnten die Mäher verdrängt, die früher tagelang in der großen Ebene Garben einsammelten.

auch die Herden wieder zurück. Erst die Gründung des Königreichs Italien 1865 befreite die Ebene von der Weidewirtschaft; der Boden wurde Privatbesitz, was zur größten Veränderung führte, die je in der apulischen Ebene stattgefunden hatte: dem Getreideanbau. Aber der Übergang ging alles andere als glatt vonstatten. Obwohl sich der Tavoliere in den ersten Jahren in ein goldenes Ährenmeer verwandelte, führten rückständige Anbau- und Erntemethoden, Wassermangel, die großen Entfernungen zwischen den Siedlungen, der Mangel an Dünger und die Ausnützung der Tagelöhner durch den Agrarkapitalismus bald erneut zur Verwahrlosung des Bodens der Daunia. In der neuen «Sahara Apuliens» wurden die einzigen Gebäude, die Feld- oder Weidegehöfte, die – von den Hirten verlassen – noch hier und da wie große, abgedeckte Schachteln in der Gegend standen, zur Unterkunft der Tagelöhner zur Ernte- und Saatzeit. Ansonsten herrschte Wüste. Und doch änderte sich etwas in der Landschaft – die Triften zum Beispiel. Nachdem sie größtenteils ungenutzt geblieben waren, als die Transhumanz aufgehört hatte, wurden sie jetzt angebaut, und zwar nicht nur mit Getreide. In der Nähe der großen Siedlungen wie San Severo, Cerignola, Lucera und Troia erfolgten die großen Veränderungen auf Initiative reicher Großgrundbesitzer. Im Gebiet von Cerignola begannen die französische Familie La Rochefoucauld und die italienische Familie Pavoncelli, statt Getreide Reben anzubauen. Im Laufe weniger Jahre, von 1876 bis 1879, wurde der Rebbau auf dem Eigentum der Pavoncelli von 60 auf 2200 ha erweitert; modernste Keller von 85 000 hl Fassungsvermögen wurden gebaut. Damit ist die erste grüne Oase im alten Tavoliere entstanden.

Im Piano della Croce di Foggia und im Piano delle Fosse, im Zentrum von Cerignola, wird das Getreide weiterhin in unterirdischen Silos, die wie Begräbnisstätten aussehen, aufbewahrt. Die «Fosse» sind 2–5 m tiefe Lager unter der Erde, die bis zu 1600 hl Getreide fassen und auf Bodenhöhe mit Steinblöcken geschlossen werden. Auf jeder Grube bezeichnen ein Grenzstein und eine Nummer den Eigentümer. Dieses uralte System zur Einlagerung von Getreide wurde wahrscheinlich im Orient erfunden. Wenn es noch eines Beweises bedurft hätte, daß unterirdische Architektur nicht nur für den Totenkult, sondern auch für die Existenzerhaltung der Lebenden bestimmt war – hier ist er.

Am Ende des 19. und am Anfang des 20. Jahrhunderts breitet sich vor allem dank der Wasserleitung Apuliens und der ersten Bewässerungstechniken der spezialisierte Anbau aus. San Severo wird zu einem großen Zentrum der Weinproduktion, und in den während des Faschismus urbar gemachten Gebieten werden Bäume, z.B. Oliven, angepflanzt sowie Zuckerrüben, Gerste, Hafer und Mais. Ein anderes «Wirtschaftswunder» ereignete sich in den sechziger Jahren, als der Bau des Staudamms des Ofanto und des Fortore die Modernisierung der Landwirtschaft in der Daunia zur Folge hatte. Dank seinem Wasser wird der Tavoliere grün. Der Anbau von Hartweizen geht zurück zugunsten von Tafeltrauben und Gemüse, vor allem Tomaten, Artischocken, Kartoffeln und Salatpflanzen.

Wer heute die große Ebene von Volturara nach Cerignola oder von San Severo nach Bovino durchquert, kann zwischen zwei Jahreszeiten wählen, die in Farben und Atmosphäre vollkommen verschieden sind. Im Frühjahr und Sommer grünen, blühen und gedeihen in der großen Ebene Getreidefelder, Reben, Oliven- und Pfirsichbäume sowie Gemüsefelder in einer perfekt geometrischen, an ein Koordinatensystem erinnernden Ordnung. Aber im Herbst wird der Tavoliere kahl und erinnert an die Vergangenheit. Dann entdecken wir die einsame Daunia wieder mit den Burgen Friedrichs und Manfreds, der Anjou und der Aragonesen. Im Winter, wenn sich der Farbenreichtum auf Grau und Weiß reduziert,

41

42 An der Peripherie von Foggia, der Stadt mitten im Tavoliere, stehen große Betonsilos für das aus den umliegenden Gebieten stammende Getreide.

kann man die leere Burg von Lucera betreten, die wie ein großes, auf dem Hügel zurückgelassenes Kriegsspielzeug wirkt und mit ihren zwanzig Türmen an die Sarazenen (Berber) erinnert, die der Staufer Friedrich II. aus Sizilien mitbrachte und damit jenes orientalische Element hierher verpflanzte, das mit seinen Moscheen Sizilien zweieinhalb Jahrhunderte geprägt hatte. Weitere Kunstdenkmäler verleihen dem Tavoliere einen besonderen Reiz, dem nachzuspüren sich lohnt, wenn man die besondere Eigenart und die historische Tiefendimension dieser Landschaft ausloten will.

42

43 Bauernhof auf dem Land in der Nähe von Lucera. Die für diese Häuser typischen schmucklosen Formen sind mit einer Verzierung in gotischem Stil versehen.

43

44 *Auf dem Land bei Lucera worfelt ein Bauer den Weizen mit einer Holzschaufel. Bei diesem alten Verfahren bläst der Wind die Spreu weg.*

44

45 In den Ruinen der Burg von Lucera. Das auf Geheiß Friedrichs II. erbaute Gebäude wurde 1223 begonnen, in dem Jahr, als der Kaiser die islamische Bevölkerung Siziliens nach Lucera umsiedelte. Die mächtigen Ruinen geben uns eine klare Vorstellung von der Größe des Bauwerks, das von einem mächtigen runden Turm (s. Bild) überragt wurde. Vier Mauerflügel begrenzten einen viereckigen Innenhof in Form eines Brunnens – ein architektonisches Schema, das Friedrich II. beim Castel del Monte (vgl. Nrn. 82/83) weiterentwickelte. Die Burg von Lucera wurde später von Karl von Anjou in eine der mächtigsten Festungen des Königreichs Neapel umgewandelt.

45

46, 47 Das römische Amphitheater von Lucera (unten der Eingang) ist ein Bauwerk aus der Zeit des Augustus. Das große Amphitheater liegt in einer Zone, die wegen der Getreideproduktion für die römische Herrschaft in Apulien von Wichtigkeit war; eine Inschrift erinnert an den Herrscher Caesar Augustus, dem das Amphitheater geweiht ist.

46

47

48 Nicht selten trifft man im Tavoliere weidende Schafherden an; in diesem Fall ist ein abgeerntetes Kornfeld das geeignete Gelände.

49 Große Leitungen durchqueren hier die Felder des Tavoliere. Oft wird die geometrische Form selber ein Teil der Landschaft.

48

49

50, 51 Fassade und Portal der Kathedrale von Troia. Dieser im 11. Jahrhundert begonnene und im Lauf des 12. und 13. Jahrhunderts vollendete Bau ist eines der reichsten Beispiele der romanischen Architektur in Apulien. An der Fassade, die an die Romanik von Pisa erinnert, verleiht die große, durchbrochene Rosette über den Blendarkaden dieser Kirche eine gewisse Besonderheit. Im Portal mit dem hohen Bogen ist das Bronzetor bemerkenswert, ein Werk von Oderisio von Benevent; es besteht aus zwei Flügeln, die je vierzehn mit Löwenmotiven, Heiligen und Bischöfen verzierte Tafeln aufweisen.

50

S. 68/69
52 Auf den modernen Straßen Apuliens können die eiligen Touristen heute noch Bildern früherer Zeiten begegnen, wie dieser Bäuerin auf dem Heimweg vom Feld im Schein der Abendsonne.

51

53 Ein Landschaftsbild der Daunia mit den ausgedehnten Weizenfeldern; im Hintergrund der erloschene Vulkan Vulture.

53

54 Deliceto, Dorfansicht mit der Burg und den charakteristischen, ringförmig übereinander angeordneten Häuserreihen.

54

55

55, 56 An das Querschiff der Kathedrale von Canosa angebaut ist das Grabmal des Bohemund, Sohn des normannischen Herzogs Robert Guiscard. Es ist ein romanischer Bau mit viereckigem Grundriß und einer stark orientalisch beeinflußten, zentralen Kuppel. Die normannischen Fürsten wählten diese Zone Apuliens und benachbarte Gegenden der heutigen Basilicata (Venosa, Melfi), um Kapellen für die Angehörigen ihrer Sippe zu bauen. Der Eingang zur Kapelle wird von einem Bronzetor verschlossen, auf dem Bohemund, Roger, Bohemund II., Tankred und Wilhelm – alle Fürsten aus dem Hause Hauteville – dargestellt sind.

56

57, 58 Die Ipogei Lagastra von Canosa sind am besten erhalten von den zahlreichen Grabstätten, die an verschiedenen Orten in der Stadt entdeckt wurden. Das größte umfaßt neun Grabräume mit einem Gang davor, der in einem von ionischen Säulen verzierten Atrium endet. Durch Öffnungen, die oben enger werden (ähnlich wie bei den etruskischen Gräbern), gelangt man in die eigentlichen Grabkammern. Die innersten Räume sind mit Eselsrückengewölben überdeckt. Vom gefundenen Material her kann auf das Ende des 4. oder den Anfang des 3. Jahrhunderts v.Chr. geschlossen werden; die Gräber wurden jedoch mit Sicherheit auch später noch benutzt. Der Reichtum der Gräber von Canosa wird auch durch die kostbaren Gegenstände belegt, die in einem in der Nähe des römischen Bogens entdeckten Grab gefunden wurden und im Nationalmuseum von Tarent aufbewahrt werden.

57

58

59, 60 Unter den erhaltenen Denkmälern von Canosa nimmt die frühchristliche Basilika San Leucio einen wichtigen Platz ein. Das Gebäude wurde im 6. Jahrhundert vom großen Bischof Sabino von Canosa, Beschützer der Stadt gegen die Germaneneinfälle, erbaut und ist gut erhalten. Es ist fast viereckig, mit einer Apsis an jeder Seite, von einer zentralen Kuppel auf Säulen und Eckpfeilern überdeckt; der Fußboden ist mit Mosaiken aus geometrischen und gegenständlichen Motiven reich verziert. Später wurde die Kirche vergrößert, wobei jedoch der ursprüngliche Grundriß beibehalten und für die Ausstattung altes Material verwendet wurde. Darunter befinden sich glücklicherweise die herrlichen korinthischen Kapitelle mit Köpfen von Gottheiten.

59

60

61 Die Salinen von Margherita di Savoia gehören zu den ältesten Italiens. Sie werden seit dem 3. Jahrhundert v. Chr. erwähnt und erstrecken sich längs der südlichen Küste des Golfes von Manfredonia. Die ausgedehnten Salzgärten bieten einen faszinierenden Anblick, der an die älteren Methoden der Salzgewinnung erinnert. Hier deckten sich die Venezianer vor allem vom 13. bis zum 17. Jahrhundert mit diesem kostbaren Produkt ein. Heute werden in modernen Anlagen neben den Salinen Brom und Bromide gewonnen.

S. 80/81
62 Ein charakteristischer, bräunlich gefärbter Salzgarten.

61

Die Salinen von Margherita di Savoia

Längs der adriatischen Küste befinden sich nahe der Grenze der Provinz Foggia zur Provinz Bari die Salinen von Margherita di Savoia, die zu den größten Europas zählen. Die Salinen liegen auf einem Teil des Gebiets des ehemaligen Sees von Salpi, an dessen Ufer das griechische Salapia lag, eine der wichtigsten Städte Apuliens. Infolge der Versumpfung durch den Fluß Carapelle war es dem Verfall geweiht, und gegen Ende des republikanischen Zeitalters verließen es seine Einwohner, um – ebenfalls in der Nähe des Sees – das römische Salapia zu gründen. Dieses wird bis ins 16. Jahrhundert erwähnt, war allerdings damals bereits fast vollkommen unbewohnt wegen der Malaria. 1817 entwickelte Afan de Rivera, der Direktor des königlichen Brücken- und Straßenbauwesens, ein Projekt, das die Trockenlegung des Sees und der umliegenden Sümpfe durch die natürliche Auflandung des Beckens vorsah. Die Auswirkungen des Eingriffs zeigten sich erst mit der Zeit, aber das Projekt erwies sich als gut und führte zur Entstehung der großen Salinen von Margherita di Savoia. 1927 wurden die Salinen der staatlichen Monopolverwaltung unterstellt.

Die Salinen breiten sich parallel zur Küste auf einer Länge von ungefähr 20 km aus und dringen zwischen 2 km und 5 km tief ins Landesinnere ein. Insgesamt bedecken sie eine Fläche von ungefähr 4000 ha; fast 500 ha werden von den flachen Salzbecken eingenommen, den sogenannten Salzgärten. Kräftige Pumpwerke holen das Wasser bei der Foce Aloisa aus dem Meer und pumpen es durch einen Sammelkanal in die ersten Verdunstungsbecken. Unter der Einwirkung der Sonne erreicht das Wasser nach und nach eine höhere Temperatur und einen höheren Sättigungsgrad, bis es in die eigentlichen Salzgärten kommt, wo sich bei einer Temperatur von 26 bis 30 °C das Salz ablagert. Im allgemeinen braucht es 1 m^3 Wasser für die Gewinnung von 27 kg Salz.

Gegen Mitte August sind die Becken blendendweiß, das Salz hat sich herauskristallisiert, und die Landschaft sieht einem Schneefeld ähnlich. Zu dieser Zeit beginnt die «Ernte», die bis November dauert. Im Durchschnitt werden jährlich ungefähr 500 000 t gewonnen, aber bei besonders günstigen Wetterbedingungen – heiße und windreiche Sommer – können auch 600 000 bis 700 000 t produziert werden. Einst waren Tausende von Arbeitern für die Ernte erforderlich; heute zerschneiden starke Maschinen die weiße Oberfläche, und Förderbänder laden das Salz auf kleine Eisenbahnwagen, die es zu den großen Lagerplätzen transportieren. Hier wird das Salz mit gesättigtem Wasser gewaschen und zu gewaltigen Hügeln aufgehäuft.

Dieses ausgedehnte und faszinierende Gebiet, das besonders zur Erntezeit eine Besichtigung wert ist, ist auch naturwissenschaftlich bedeutend. Das Sumpfgebiet, eine guterhaltene, feuchte Zone, steht unter Schutz und ist sowohl wegen der Flora als auch wegen der Fauna besonders interessant. Es gibt zahlreiche Brandenten; dort nisten der Stelzenläufer, der Säbelschnäbler und die Zwergseeschwalbe; nicht selten trifft man Reiher und Greifvögel. Hat man besonderes Glück, bekommt man den rosa Flamingo oder den Höckerschwan zu sehen, der – sei es nun in seiner Wildform, als Parkvogel oder als dessen verwilderter Abkömmling – in Italien seltener ist als in Mitteleuropa.

III Die Gegend um Bari

Der arabische Geograph Al Idrisi vermerkte schon im 12. Jahrhundert etwas Eigenartiges im Gebiet von Bari: ein System von «korrespondierenden Städten», d.h. zwei parallele Reihen von Städten – die eine der Küste entlang und die andere im Innern –, wo jede Stadt in geringer Entfernung, auf ihrer mehr oder weniger senkrechten Achse zur Küste, ihre Entsprechung hat. Dahinter verbirgt sich eine genaue Aufteilung der bäuerlichen und der städtischen Rolle: Die Siedlungen im Landesinnern haben Agrarcharakter, während die der Küste entlang dem Handel der Landwirtschaftsprodukte dienen und an günstigen Anlegeplätzen der adriatischen Küste liegen.
Dieses Siedlungssystem hatte sich bereits in griechisch-römischer Zeit herausgebildet, als Canosa Getreide und Handwerksprodukte über den Umschlagplatz Barletta ausführte und Ruvo, Bitonto und wohl auch das kleine Ceglie sich für ihren Handel der Umschlagplätze Giovinazzo und Bari bedienten, Rutigliano und Conversano der Umschlagplätze Polignano und Egnazia.
Die Ebene zwischen dem Meer und den leichten Erhebungen und Kalksteinterrassen der Murge ist besonders geeignet für gemischte Gemüse- und Baumkulturen. Vor allem aber ist sie das Reich des Olivenbaums, der durch Jahrhunderte hindurch den großen Reichtum weiter Gebiete um Bari darstellte. Noch heute sieht man nicht selten in der Umgebung des antiken Gnathia (die heutige archäologische Zone von Egnazia), zwischen Monopoli und Fasano, knorrige Stämme jahrhunderte-, wenn nicht gar jahrtausendealter Olivenbäume. Für lange Zeit war die Olive das «schwarze Gold» der Gegend um Bari, das – zusammen mit dem blühenden Handel der Küstenstädte – die Eroberungsgelüste des 9. bis 16. Jahrhunderts weckte und zwischen den jeweiligen Gegnern den Haß schürte – seien es nun Byzantiner und Sarazenen, Staufer und Anjou oder Anjou und Aragonesen (oder wie immer die Konstellation der wechselvollen Geschichte Apuliens lautete); das den kleinen, lokalen Lehnsherren im 17. und 18. Jahrhundert blühende Einkünfte verschaffte; das im 19. und 20. Jahrhundert die Entstehung einer neuen, bürgerlichen Schicht begünstigte, wodurch eine wichtige Phase eines neuen städtebaulichen Prinzips eingeleitet wurde, das der schachbrettartigen Siedlungen, die sich geradezu programmatisch von den ursprünglichen, mittelalterlichen Stadtkernen abhoben.
Vom großen «Balkon» der Murgia von Monopoli kann man aus nur 400 m Höhe die ungeheure, regelmäßige, olivenbaumbewachsene Ebene in ihrer ganzen Weite und Fruchtbarkeit überblicken. In Längsrichtung breitet sie sich über ungefähr 40 km von Polignano bis nach Ostuni aus, in der Breitenausdehnung bis zum Meer. Weiter im Innern, wo die Mulde von Bari und die Ebene allmählich in die Kalksteinterrassen der Murge übergehen, herrschen andere Kulturen vor und kennzeichnen das Leben und die Einnahmen der Gemeinden. Im Valle d'Itria – das übrigens bereits schon zum klassischen Trulli-Gebiet gehört – hatten die anmutige Landschaft und das angenehme Klima eine dichte Besiedlung mit gemischtem, den Dimensionen der kleinen Grundbesitze angepaßtem Anbau zur Folge. Dort wechseln Reben mit Bäumen, Saatland, Wäldern und Weiden für eine mehr oder weniger gutorganisierte Viehzucht ab. Im ausgedehnteren zentralen und westlichen Teil der Hochebene, im Bereich Altamura–Gravina–Spinazzola–Minervino, wo die Humusschicht dünner ist und der Fels durchschimmert, herrschen teilweise immer noch kümmerliche Saatfelder und Weiden vor, unproduktive Großgrundbesitze und trostlose, ungepflegte Wälder. Einer so unterschiedlichen Umwelt und Landschaft entspricht natürlich eine beträchtliche Vielfalt von Siedlungsformen. Die Leuchtkraft des Küstenorts Barletta ist ungebrochen und vermag noch den häßlichen Wildwuchs seiner Industriezonen zu überdecken. Die Pracht seiner grauen Feudalbauten des 16. und 17. Jahrhunderts, die

63 Eines der eigenartigsten Geheimnisse Apuliens stellt die riesige Bronzestatue dar, die nach dem Schiffbruch eines venezianischen Schiffs im 13. Jahrhundert bei Barletta zurückgelassen wurde. Die im Volksmund «Koloß» genannte Statue eines Kaisers (vielleicht Honorius oder Valentinian I.) war von den Venezianern in Konstantinopel entwendet worden. Aus den kräftigen Gesichtszügen können schon alle Elemente des späteren byzantinischen Herrscherbildes herausgelesen werden.

64 Vielfältige Anzeichen einer Industriegesellschaft bestimmen dieses Bild des Hafens von Barletta. Wie in der Vergangenheit, ist die Stadt heute noch ein idealer Ort für den Getreidehandel, sowohl mit der gegenüberliegenden dalmatinischen Küste als auch mit den Ländern Osteuropas (im Bild rechts ein sowjetischer Frachter). Die Warenlager der Venezianer im 15. und 16. Jahrhundert in diesem Hafen zeugen vom ehemaligen Reichtum der Stadt.

um die berühmten mittelalterlichen Denkmäler entstanden sind, und – daneben – die Einförmigkeit der Straßen und Reihenhäuser der Agrarstadt drücken die Klassengegensätze, die sich in dieser Stadt bilden und zum Ausbruch kommen mußten, noch deutlich aus. Trani dagegen prunkt mit der Reife seiner architektonischen Formen und dem Glanz seines Hafens und seines kostbarsten Schmuckstückes, der romanischen Kathedrale, auch hier die trostlosen Steinsägereien in den Hintergrund drängend; Molfetta hat den großen Fischerhafen und seine fleißige Bevölkerung; Andria, aber auch Gravina, Corato, Minervino haben ihre Plätze, Treffpunkt für politisierende Tagelöhner, aber diese Städte sind heute durch die anonymen, endlosen Straßen und ärmlichen Reihenhäuser verunstaltet; Gioia del Colle glänzt zumindest noch mit dem Kleinod seiner Burg im Herzen einer sonst anonymen und enttäuschenden Ortschaft, Bitonto durch die vielen Baudenkmäler, allen voran natürlich die herrliche Kathedrale.
Hier, auf diesem durch und durch städtischen Boden, nahmen die Reformutopien des Spaniers Karl III. von Bourbon und wenig später der Franzosen Joseph Napoleon und Murat Gestalt an – Reformutopien von einer Stadt der Aufklärung, einer neuen Stadt und Gesellschaft, ganz auf die Fähigkeiten und den Erfolg einer aufsteigenden Bürgerschicht gebaut; hier bleiben Fischer und Bauern in den alten mittelalterlichen Stadtkernen mit ihren winzigen, enggedrängten Häusern, während für die Handwerker und Kaufleute dieser aufstrebenden, zukunftsträchtigen Generation jenseits der abgetragenen Stadtmauern weite, gerade, manchmal von Bäumen gesäumte, sonnige Straßen und klassizistische Häuser entstehen.
In den letzten drei bis vier Jahrzehnten nahm das städtebauliche Wachstum zerstörerische, um nicht zu sagen chaotische Ausmaße an – der Grund war vielschichtig: Der Niedergang des ursprünglichen Agrar- und Handelsbürgertums hatte zu einem Wechsel im Führungsanspruch innerhalb der Gesellschaftsstruktur geführt, was wiederum eine Verunsicherung der städtischen Gemeinschaften in bezug auf ihr historisches Selbstverständnis zur Folge hatte. Wie schon im 19. Jahrhundert durch die schachbrettartigen Erweiterungen des ursprünglichen mittelalterlichen Kerns entstehen wieder – diesmal noch weit schlimmer – starke Einschnitte in die historisch gewachsene Substanz dieser Städte. Die Bauwut breitet sich planlos in der Landschaft aus und führt zu einer gräßlich wuchernden Peripherie, die die alten lokalen Regeln der Stadtplanung nicht mehr berücksichtigt.
Die Küste zwischen den einzelnen Städten wird stark überbaut und dient als Naherholungsgebiet für die Stadtbewohner; nur wenige, kurze Küstenabschnitte bleiben unversehrt. Im landschaftlich schöneren Gebiet im Südosten breiten sich, ungenügend kontrolliert, die Wochenend- und Ferienhäuser auf dem Land aus, was langsam, aber sicher zur Zerstörung kostbaren Landwirtschaftslandes und schöner Naturlandschaft führt.

S. 86/87
65 Auch die Zementfabrik, eines der ersten Zeichen der Industrialisierung Süditaliens, gehört zum dynamischen Bild, das uns Barletta bietet. Diese Anlage galt in den fünfziger Jahren als Zeichen für den Fortschritt der Agrarregion Apulien.

64

BRENNERO

66–68 Die Landschaft Apuliens ist von vielen, ganz besonderen Motiven geprägt, von denen eines der häufigsten das der ausgedehnten Olivenhaine ist (vgl. Nr. 69). Der Ertrag schwankt von Jahr zu Jahr; der Olivenbaum hat unterschiedlich produktive Jahre mit einer Differenz bis zu 51%. In guten Jahren übersteigt die Produktion 600 000 t und bildet fast ein Sechstel der nationalen Gesamtproduktion. Aus diesen manchmal bis zu 15 m hohen Bäumen wird ein Öl bester Qualität gewonnen, das auf vielen Märkten begehrt ist. In letzter Zeit wurden die alten, von Tieren betätigten Pressen durch fortschrittliche Apparate ersetzt, die jedoch dem Preßvorgang die Faszination einer fast rituellen Handlung nicht nahmen. Es haben sich außerdem nebeneinander private, mittlere bis große und genossenschaftliche Unternehmen entwickelt. In diesen letzteren kommt die Ernte eines jeden Olivenproduzenten in ein numeriertes, von niedrigen Mäuerchen begrenztes Abteil. Diese Sammelplätze (Nr. 66) zeigen die von einem jeden Genossenschaftsmitglied produzierte Menge von Oliven. Jeder wird dann seiner Menge entsprechend in Form von Olivenöl und Geld ausbezahlt.

66

S. 90/91
69 *Die moderne Landwirtschaft hat das jahrhundertealte Vorgehen bei der Olivenernte nicht stark verändert. Während in anderen Bereichen modernste mechanische und elektronische Geräte die traditionellen Gewohnheiten und Werkzeuge verdrängt haben, wird hier der Boden um die Baumstämme noch mit Metallbesen gereinigt. Plastikfolien werden neben Jutetüchern ausgebreitet, um die geernteten Oliven aufzufangen, und nicht selten sieht man vor allem in der Gegend von Lecce noch die «farnau», große Siebe, mit denen die Oliven gesäubert werden.*

67

68

70 Traubenlese auf dem Land bei Bari. In letzter Zeit wurde die Qualität der Weinproduktion bedeutend verbessert. So gibt es heute neben den traditionellen Weinen zum Verschnitt, die aus stark zuckerhaltigen Trauben gewonnen werden und deshalb hochgradig alkoholhaltig sind, eine Reihe von Produkten mit der Bezeichnung D.O.C. (kontrollierte Marke). Unter diesen Weinsorten, die oft den Namen des Herstellungsgebietes tragen (San Severo, Locorotondo, Salento, Rosa del Golfo), sind die trockenen Weißen mit ihrem angenehm riechenden Bukett und die Rosés besonders empfehlenswert.

70

71

71 Seit vielen Jahren nehmen sich die Tafeltrauben aus Apulien auf vielen Märkten gut aus, oft mit dem wohlverdienten Beiwort «regina» (Königin). Sowohl Tafel- als auch andere Weintrauben werden außer auf herkömmliche Art auch in den typischen, vom eigenen Laub überdachten Pflanzungen gezogen. Das Dach wird von senkrechten, ungefähr 2 m hohen Holz- oder Betonpfosten gebildet, die durch ein dichtes Drahtnetz, um das sich die Reben winden, miteinander verbunden sind. Die weiten Rebflächen, von denen Apulien in den Sommermonaten bedeckt ist, zeugen von der Verbreitung dieses Anbaus, dessen Produktion sich in den letzten vierzig Jahren verdreifacht hat.

72 Genossenschafts- und Privatkellereien haben in den letzten Jahrzehnten ihre Produktionsanlagen modernisiert. So sind große Becken aus Glas und Beton für die Trauben, moderne Silos für die Lagerung des Mostes und komplexe Abfüllsysteme Anzeichen für einen hochentwickelten Produktionsstand.

72

Die Romanik in Apulien

73 Fassade der Kathedrale von Trani mit dem Bronzetor des Barisano da Trani. Barisano, ein um 1180 tätiger Künstler in der Tradition der apulischen Bildhauer, verschmilzt byzantinische Motive mit isalmischen und romanischen Stilelementen. Auf den Tafeln sind eine Kreuzabnahme und der hl. Nikolaus als Pilger (San Nicola Pellegrino) mit dem Künstler zu seinen Füßen von besonderem Interesse.

Die Romanik, komplexes Phänomen eines Wiederaufblühens abendländischen künstlerischen Ausdrucks, das sich zwischen dem 10. und 13. Jahrhundert in ganz Europa ausbreitet, ist für Apulien sehr charakteristisch und erreicht hier eine beachtliche Stilhöhe. Von der geographischen Lage begünstigt, die ihr eine Vermittlerrolle zwischen der lateinischen Welt und den Ländern des östlichen Mittelmeerraums einschließlich des Orients zuteilt, lange Zankapfel zwischen Byzantinern und Langobarden und schließlich (2. Hälfte des 11. Jahrhunderts) von den Normannen erobert, aber fähig, ihre kulturelle Autonomie zu erhalten und zu verteidigen, ist die Region eine der ersten, die jenen Prozeß der Neuordnung des städtebaulichen Konzepts und der kirchlich-geistlichen Organisationsformen in die Wege leitet, aus dem die Romanik hervorgeht.
Bereits in den ersten Jahrzehnten des 11. Jahrhunderts entstehen die Kathedralen von Canosa und Siponto und die monumentalen Benediktinerabteien (Tremiti, Cuti, Calena, Conversano) mit Kirchen, die meist noch an die mittelmeerische Bautradition gebunden waren. Diese sind im Innern mit feierlichen Marmorstatuen, Kanzeln, Thronen und Tabernakeln geschmückt, mit denen Namen apulischer Meister wie Accetto und Romualdo verknüpft sind. In Tarent, Otranto und Bari folgen die neuen Bischofskirchen dagegen dem von der gregorianischen Reform auferlegten altchristlichen Basilikamodell.
Maßstäbe in diesem Sinne setzte Ende des 11. Jahrhunderts die Basilika San Nicola, die in Bari unter den Normannen kurz vor dem 1. Kreuzzug erbaut wurde. Das Heiligtum mit seinen verstümmelten Türmen ist das Modell, nach dem sich für über zwei Jahrhunderte die Erbauer der größeren Sakralbauten der Gegend von Bari richten. Für die Capitanata (Provinz Foggia) ist der Bezugspunkt dagegen die Kathedrale von Troia. Ende des 12. und Anfang des 13. Jahrhunderts wird die Region von Pilgern, Kreuzrittern und Kaufleuten durchzogen, sie wird von den Beziehungen mit dem übrigen Abendland, mit Sizilien und den Ländern jenseits des Meers belebt, und so entstehen in den Städten und auf dem Land Tausende von neuen Profan- und Sakralbauten. Unverrückbare Merkmale dieser Architektur, die verschiedene Einflüsse in sich vereint, sind die geschickte Verarbeitung des helleuchtenden lokalen Kalksteins und die Vorliebe für einfache und kompakte geometrische Formen, von denen sich der eindrucksvolle Skulpturenschmuck um die Portale, Fenster, Arkaden und Fensterrosen abhebt.
Wegen ihrer architektonischen Einzigartigkeit und ihrer schönen Lage nimmt die Kathedrale von Trani eine besondere, hervorragende Rolle ein. Sie steht isoliert am Rande der Ortschaft und schaut auf das Meer, einem der schönsten natürlichen Häfen der adriatischen Küste zugewandt. Sie wurde 1197 gegründet, nach einem traditionellen Basilikaschema mit drei von Säulenreihen abgetrennten Schiffen, einem breiten Querhaus und drei Apsiden. 1142 wurde die Krypta geweiht, ein heller Raum mit einem wahren Wald von Marmorsäulen. Der Mosaikfußboden im Querhaus entstand kurz nach der Jahrhundertmitte, gleichzeitig mit den Mosaikfußböden der Kathedralen von Tarent, Brindisi und Otranto. Auf die letzten Jahre des Jahrhunderts geht das großartige Marmorportal zurück, eines der erlesensten Beispiele romanischer Skulptur in Apulien. Der Bogen des Glockenturms trägt gut sichtbar die Inschrift «Nicolaus sacerdos et Magister» – ein Name, der uns ebenfalls an der herrlichen Kanzel von Bitonto begegnet, wo er mit der Jahreszahl 1229 versehen ist. Interessant ist der Glockenturm von Trani außerdem wegen seiner Fenster, deren Zahl nach oben ständig zunimmt. Erst 1350 erreichte er mit der Vollendung der Turmspitze seine endgültige Höhe von 59 m.

73

74 Die charakteristische Fassade der Kathedrale von Trani ist in zwei Stockwerke unterteilt; das untere Stockwerk entspricht den beiden Krypten Santa Maria unter dem Langhaus und San Nicola Pellegrino unter dem Querhaus, die miteinander verbunden sind; das obere Stockwerk entspricht Lang- und Querhaus. Die beiden Ebenen sind durch eine von einer tiefen Arkade gestützte doppelläufige Treppe verbunden, die zur Terrasse vor dem Portal führt (in Bild unten). Darüber wird die helle, klare Kalksteinfläche unterbrochen von den tiefen, dunklen Bogen der Fenster und der Rosette, die Ende des 13. Jahrhunderts angebracht wurde.

74

75 Nicht zuletzt ist es die eigenartig strenge, hochgezogene dreiteilige Apsis, welche die Kathedrale von Trani zu einer der schönsten romanischen Kirchen Apuliens macht.

75

76 Fischernetze und Boote im Hafen von Trani; im Hintergrund links die Apsis der romanischen Kirche Ognissanti.

76

77

78

77 Der Fischhandel ist besonders lebhaft in Molfetta, dessen Hafen eine der bedeutendsten Fischereiflotten der südlichen Adria beherbergt.

78 Die Zirkel und Vereine an den wichtigsten Straßen in Molfetta sind Zeugen einer Geselligkeit, die allen Bewohnern der Dörfer Apuliens gemein ist.

Der Duomo Vecchio von Molfetta

Der Duomo Vecchio (alter Dom) von Molfetta, dem heiligen Kreuzritter Corrado geweiht, ist vielleicht die eigentümlichste der romanischen Kathedralen Apuliens.
Wie andere große, mittelalterliche Bauten der Küste von Bari wurde er am Rande der Ortschaft auf einem Felsvorsprung erbaut, der den natürlichen Hafen von Molfetta abschloß, als wäre er als Zentrum einer Stadt gedacht, die sich jenseits des eigentlichen Stadtkerns ausbreitete und den umliegenden Wasserspiegel mit seinen Schiffen mit einbezöge. Es wurde ein charakteristischer dreischiffiger Grundriß gewählt. Das Mittelschiff ist von drei Kuppeln gedeckt, die Seitenschiffe von Tonnengewölben. Diese Bauform war im 11. und 12. Jahrhundert in Apulien sehr verbreitet, fand jedoch meist in Benediktinerklosterkirchen Anwendung.
Die drei Kuppeln von Molfetta sind polygonal mit pyramidenförmigen Dächern, die auf einer älteren byzantinischen Bautradition beruhen; im Innern werden die Kuppeln gestützt von Pilastern mit feingearbeiteten Kapitellen. Durch diese Raumaufteilung entstehen Gewölbezwickel. Dies bezeugt die späte Entstehungszeit des Bauwerks zwischen der Mitte des 12. und dem 13. Jahrhundert: der Zeit der höchsten Blüte der Stadt und ihres Hafens mit Handels- und Kreuzfahrerschiffen.
Äußerlich sieht der Dom von Molfetta den größeren Basiliken der Gegend von Bari ähnlich, wegen seiner glatten Außenwand, die die Apsis verbirgt und die zwei Glockentürme umschließt. Das Schema, das von San Nicola in Bari herrührt, wurde in Molfetta durch eine Dekoration von sich kreuzenden Blendarkaden und ein nach islamischem Geschmack reichverziertes Fenster bereichert.

79

79 Der dem hl. Corrado geweihte Alte Dom von Molfetta spiegelt sich im Becken des Hafens, wo die Fischereiflotte vor Anker liegt. Die Bewohner von Molfetta, die sich seit jeher dem Fischfang widmen, verfügen über eine bedeutende Flotte, die im Mittelmeer und im Atlantik fischt.

80 Der berühmte Dolmen von La Chianca in der Nähe von Bisceglie, gut erhalten mit seinen Platten, die die zentrale Galerie und die mächtige Grabzelle bilden.

80

Die megalithischen Denkmäler

Das unmittelbar Anziehende und Fesselnde der megalithischen Denkmäler Apuliens, die dem Zahn der Zeit getrotzt haben, erklärt sich vielleicht daraus, daß wir unerwartet, vor dem Hintergrund einer noch unzerstörten Landschaft und Natur, mit dem Beweis der Präsenz des Menschen in weit zurückliegender Zeit konfrontiert werden. Dieses Gefühl wird durch die Mächtigkeit der weißen Kalkplatten und, bei den Dolmen, einem elementaren Konstruktionssystem noch verstärkt. Die megalithischen Gräber Apuliens reihen sich in den europäischen Zusammenhang ein, finden sich doch Megalithbauten vom Mittelmeerraum (Malta) bis hinauf nach Großbritannien. Obwohl die apulischen Megalithbauten einer anderen Typologie angehören als die Menhire und Dolmen der Bretagne, haben sich diese Begriffe auch hier eingebürgert, und sie werden im folgenden auch verwendet. Chronologisch gehören sie dem 2. Jahrtausend v. Chr. an, kulturell den Gräbern der Apenninenkultur des Bronzezeitalters. Die Dolmen Apuliens, die sich im Salento und in der Gegend von Bari konzentrieren, werden auf 23 geschätzt. Der von Giovinazzo in der Gegend von San Silvestro ist vielleicht zusammen mit dem Dolmen von Albarosa di Bisceglie der einzige, der noch heute die Struktur in ihrer Vollkommenheit erkennen läßt und folglich die Beziehung zwischen der Dolmenzelle und dem Erd- und Steinhaufen, der sie bedeckte. Viel bekannter ist dagegen der Dolmen von Bisceglie in der Umgebung von La Chianca, von dem die Überreste der Platten erhalten sind, die die zentrale Galerie bildeten, sowie die mächtige, rechteckige Grabzelle, deren Seiten aus dicken, viereckig behauenen Kalkplatten bestehen.
Zur Megalithkultur gehören auch die Menhire, lange Blöcke verschiedener Form und Höhe, vorwiegend aus weißem Kalkstein, die – fast immer isoliert – in der Landschaft verstreut sind. Funktion und Bedeutung dieser Monumente sind bisher noch ungeklärt.

81 In der Nähe der archäologischen Zone von Canne della Battaglia steht zwischen den Olivenbäumen dieser große Menhir, das nördlichste Monument dieser Art in Apulien.

81

Castel del Monte

1220 wird der Staufer Friedrich II. in Rom feierlich zum Kaiser gekrönt; außer der politischen und strategischen Bedeutung hat das Ereignis einen fest umrissenen symbolischen Wert. Friedrich, der damit zum Ideal eines Fürsten wird, leitet verschiedene Unternehmungen in die Wege, die seinen Ruf stärken sollen. Als erstes erläßt er eine Reihe von Gesetzen, die dazu dienen sollen, sein Reich, vor allem Süditalien, völlig unter seine Kontrolle zu bringen. Um die neue Rolle des Herrschers und vor allem der Staatsmacht zu demonstrieren, beginnt er mit dem Bau von Burgen, die nicht nur zu Verteidigungszwecken dienen, sondern die neue Art, das politische Leben zu leiten, repräsentieren sollen. Zeichen dieser Politik Friedrichs sind kurz nach seiner Krönung das Gesetz über die Befestigungen (De novis edificiis deruendis) und der Bau einer Reihe von Burgen.
Schon 1223 erhält Foggia eine Burg und wird von diesem Moment an im Okzident und im Orient bekannt. Im Laufe weniger Jahre entstehen in Lucera, Barletta, Trani, Bari, Brindisi, Otranto und Gravina mächtige Burgen von verschiedener Form, außerdem in der benachbarten Basilicata in Melfi, Lagopesole und Palazzo San Gervasio. In fast allen Städten wiederholt sich das topographische Schema auf beinahe einförmige Weise: Die Burg beherrscht einerseits das Meer oder das umliegende Gelände, andererseits die Stadt, deren direktes Gegengewicht sie scheint. Ein Fall jedoch ist anders gelagert, ist einzigartig, was das Bauwerk gewissermaßen abstrakt, aus dem Zeitgeschehen herausgehoben erscheinen läßt: Castel del Monte in der Nähe von Andria, die am besten erhaltene und bekannteste Burg Friedrichs. Aus einem Dokument schließen wir, daß sie 1240 fast vollendet war. Als einziges der Bauwerke Friedrichs ist die Burg auf nur einer geometrischen Grundform aufgebaut: auf dem Achteck. Die Burg, der Innenhof und die schmucken Türme an jeder Ecke haben achteckigen Grundriß. Unbeantwortet ist die Frage nach der Rolle der Burg. Verteidigungs-, Jagd- oder Vergnügungsstätte oder Repräsentationsgebäude mit einer für alle sichtbaren, ideologischen Funktion? All diese Fragen unterstreichen die symbolische Vielschichtigkeit des Bauwerks. Friedrich berief die Baumeister des Zisterzienserordens, um die Baupläne der übrigen Burgen Apuliens zu leiten; stellt man dort die Verschmelzung zwischen Spätromantik und Gotik fest, so scheint bei Castel del Monte alles in den Hintergrund zu treten vor dem diesem Bauwerk innewohnenden Eigenwert. Carl Willemsen, Experte des Südreichs der Staufer, urteilt vielleicht richtig, wenn er unter anderen Hypothesen über den Zweck des Castel del Monte in ihm «ein Beispiel idealer Architektur völlig um ihrer selbst willen» sieht. Das Problem der Beziehung zwischen den einzelnen Teilen und der Gesamtstruktur des Bauwerks einerseits und die Harmonie von Architektur und Landschaft andererseits, der es wie eine Krone aufgesetzt ist, nimmt die Suche der Renaissance nach idealen Konstruktionen vorweg. Die Konzentration der Architektur auf ihre eigenen Konstruktionsgesetze machen die Besonderheit und Einzigartigkeit des Castel del Monte aus.

82 In der Nähe von Andria erhebt sich das Castel del Monte aus der Ebene in Form eines regelmäßigen Achtecks, aus geschliffenen und so perfekt aneinandergefügten Kalkblöcken, daß der Eindruck eines Monolithen entsteht.

S. 108/109
83 Teilansicht einer Wand des achteckigen Innenhofs von Castel del Monte. Vom ursprünglichen Schmuck aus Korallenschutt im Erdgeschoß und aus feinem Marmor im oberen Stockwerk ist heute sehr wenig erhalten. Obwohl die für jene Zeit sehr wertvolle Ausstattung verlorenging, erkennt man noch architektonische Einzelheiten: das Eingangsportal mit einem an die klassische Antike erinnernden Tympanon, ähnlich dem der Zisterzienserabtei Fossanova; die Konsolen, die direkt von der französischen Gotik herstammen; die Palmenkapitelle der Säle und die großen Pfeiler und runden Halbsäulen, die die Wand in viereckige Felder aufteilen.

84 Die Fassade der Kathedrale von Ruvo, eines der bekanntesten Bauwerke Apuliens. An dem Bau, der auf das 13. Jahrhundert zurückgeht, wurden viele Veränderungen und Restaurationsarbeiten vorgenommen. Die herrliche Fassade weist typische Elemente der spätromanischen Architektur in Apulien auf.

85 Das Portal der Kathedrale von Ruvo. Die reiche Dekoration mit zwei geflügelten Greifen, die auf von Löwen gestützten kleinen Säulen stehen, zeigt uns, wie gut die Ausbildung der Steinmetzen auf den Bauplätzen Friedrichs II. war. Auf diesen Bauplätzen wurden bedeutende Künstler ausgebildet, wie z. B. Nicola Pisano, der sich Mitte des 13. Jahrhunderts von Apulien in die Toskana begab und an der Kanzel des Baptisteriums in Pisa sowie mit seinem Sohn Giovanni zusammen an der Kanzel im Dom von Siena arbeitete.

84

S. 112/113
86 Ein Saal des Museums Jatta in Ruvo. Es handelt sich um eine kostbare archäologische Sammlung, die vor allem aus in der Umgebung von Ruvo gefundenen Vasen besteht. Sie wurde im 19. Jahrhundert von Giovanni Jatta begonnen und in der Folge ständig erweitert. Der Qualität der archäologischen Fundstücke entsprechen die im eleganten Stil des 19. Jahrhunderts ausgestatteten Räume.

85

87 Ausschnitt aus der Fassade der Kathedrale von Bitonto. Sie ist ein weiteres Beispiel aus der langen Liste romanischer Kirchen in Apulien. Die dem hl. Valentin gewidmete und Mitte des 13. Jahrhunderts begonnene Kirche steht unter dem Einfluß der Basilika San Nicola in Bari. Die Fassade wird von Lisenen gegliedert und endet in dem allen romanischen Bauwerken Apuliens gemeinsamen Giebelaufsatz; eine Rosette und zwei zweibogige Fenster zieren den obersten Teil.

87

88 Der Hof und der mit Motiven der süditalienischen Renaissance verzierte Fries am Palazzo Sylos Labini, der ein Beispiel für die Bildungstradition der Bürgerhäuser in den Städten Apuliens ist. Im mittelalterlichen Teil der Stadt Bitonto stehen einfache, spontan entstandene Bauwerke neben den mächtigen Behausungen des süditaliensichen Adels von hoher künstlerischer Qualität.

89 Eine typische Straße im mittelalterlichen Viertel von Bitonto.

88

89

90

Altamura, Königin der Murgia

Der Tavoliere wird außer vom Daunischen Apennin und vom Gargano von den Murge begrenzt. Sie bestehen aus terrassenförmigen Kalkfelsen, die kompakt die ganze Region in der Längsrichtung durchziehen und – nach und nach abfallend – bis zum Rand der Salentiner Halbinsel vordringen. Der Begriff «Murgia» ist unsicheren, alten Ursprungs und bezeichnet nackt aus dem Boden auftauchende Felsen. Die Murge weisen bei aller Einheitlichkeit jedoch auch unterschiedliche Aspekte auf, sowohl was die Höhenlage betrifft als auch die Bewirtschaftung und Bevölkerungsdichte. Wenn man vom Küstenstreifen gegen das Landesinnere hochsteigt, kommt man zuerst in die niedere Murgia oder Premurgia, die mit Bäumen und Reben bepflanzt ist und eine hohe Bevölkerungsdichte aufweist, und dann, gegen Süden und mehr gegen die Adria zu, in die Murgia der Trulli, die in viele kleine Grundbesitze mit intensiverer Bewirtschaftung unterteilt und dicht besiedelt ist. Noch höher und weiter von der Küste entfernt erreicht man endlich die Murgia Alta (hohe Murgia), wo die Landschaft rauh wird und große Weiden mit Wildnis und extensiver Wirtschaft abwechseln. Der nackte Fels und die Karstformation werden häufiger, und die Bevölkerung lebt fast ausschließlich in wenigen Ortschaften. Diese rauhe Hochebene weckt Vorstellungen von der Einsamkeit der Hirten und der geduldigen, langwährenden Mühe des Menschen, die Beschaffenheit des steinigen Bodens zu verbessern. Hier, wenige Kilometer von der streckenweise noch erkennbaren antiken Via Appia entfernt, liegt an einem für den Verkehr zwischen der Küste und dem Innern der Basilicata wichtigen Knotenpunkt Altamura, die größte Ortschaft der Murgia Alta. «Federicus me reparavit» steht auf dem Stadtwappen. Altamura schart sich auf dem Hügel stolz um die Kathedrale, dem einzigen, nach dem Willen des legendären Herrschers erbauten Sakralbau der Stadt, die sich kompakt aus der öden Landschaft erhebt. Diese Kompaktheit des Stadtkerns wird trotz der verschiedenen Machtwechsel durch die Jahrhunderte hindurch homogen bewahrt. Auch als die Stadt nach einem offeneren und regelmäßigen Stadtplanungsschema des 19. Jahrhunderts sich auszubreiten beginnt, bewahrt sie ihren Mittelpunkt in der Kathedrale, sozusagen als ein beständiges Andenken an den starken Willen, der sie als Zeichen des neuen Aufschwungs nach den Sarazenenüberfällen erbauen ließ. Die Agrarökonomie ist vor allem auf die Weidewirtschaft und auf die Verarbeitung der Landwirtschaftsprodukte gegründet. In den Backöfen wird zum Teil noch nach alter Väter Sitte das in der ganzen Gegend berühmte, kräftige Brot gebacken. Einst hatte jede Familie ihren besonderen Stempel, der auf die charakteristischen, runden Brote aufgedrückt wurde. Der Ursprung der Stadt verliert sich im Dunkel der Zeiten: In der Umgebung finden wir Spuren aus der Stein-, Bronze- und Eisenzeit, und in der Stadtmauer sind noch Überreste von megalithischen Mauern zu erkennen. Altamura hat immer eine starke Tendenz zur Autonomie und Freiheit gehabt, als wollte es sein Selbstbewußtsein behaupten und die Früchte seiner harten Arbeit verteidigen. Noch heute ist der Domplatz mit seinen Zwillingstürmen der ideale Treffpunkt für die Bauern und Hirten; die Jungen dagegen treffen sich am Stadtrand, auf dem Bahnhofplatz und im nahegelegenen Park – sichtbarer Ausdruck des Protestes gegen die harte Arbeit und das mühsame Leben, denen die älteren Generationen ausgeliefert waren.

90 *Die Piazza von Altamura, oft Königin Apuliens genannt, wird von der Seitenwand der Kathedrale begrenzt und ist der Treffpunkt der Bewohner.*

91, 92 Die Kathedrale von Altamura wurde von Friedrich II. gegründet und unter den Anjou nach einem Erdbeben tiefgreifend verändert. Es scheint, daß unter anderem ihre ursprüngliche Richtung geändert wurde. Intakt geblieben ist das großartige Portal in der Mitte der nach Osten gewandten Fassade. Es ist eines der reichsten und komplexesten Portale der Region, ein Beispiel der bereits mit gotischen Elementen versetzten apulischen Spätromanik (14./15. Jahrhundert). Neu gegenüber der lokalen Tradition ist das Überwiegen figürlicher und erzählerischer Motive, die man ähnlich im Portal der Kathedrale des südwestlich von Bari gelegenen Bitetto wiederfindet. In der Lünette thront die Jungfrau Maria als Königin zwischen zwei Engeln; auf dem Architrav das Abendmahl. Auf den konzentrisch angeordneten Rahmen eine Fülle verschlungener Pflanzen, die aus von Karyatiden gehaltenen Töpfen wachsen. Auf den Tafeln lebhafte Darstellungen aus den Evangelien. Links der Erzengel Gabriel und rechts die hl. Jungfrau, nach der die Kirche benannt ist. Das prunkvolle Portal wird von einem Baldachin auf von Löwen getragenen Säulen abgeschlossen, was der orthodoxen lokalen Tradition entspricht.

91

92

93 In der rauhen, steinigen Murgia, die jedoch reich an würzigen Kräutern ist, gibt es viele Hirten. Wenn man die Murgia durchquert, trifft man häufig Schafherden mit jungen Hirten; Menschen und Tiere kehren am Abend in die in der Landschaft verstreuten Bauernhöfe zurück, und viele Hirten sehen monatelang kein Dorf.

94 An der Via Appia, der Straße, die Rom seit der Antike mit Brindisi und den Häfen für den Handel mit Griechenland und dem Orient verbindet, stehen zwischen

93

94

Altamura und Laterza verschiedene Bauernhöfe, von denen der von Jesce besonders interessant ist. Es handelt sich um einen von einer Mauer eingefaßten Gebäudekomplex. Obwohl das Ganze aus dem 19. Jahrhundert stammt und eine Art Unterschlupf zum Schutz vor den Angriffen der Räuber und Viehdiebe ist, hat der Bau frühere Architekturformen übernommen, vielleicht aus der Zeit der spanischen Herrschaft im 17. Jahrhundert, mit der charakteristischen Trennung von Wohn- und Arbeitsgebäuden. Der aus Tuffsteinblöcken der Gegend erbaute Bauernhof hat die gleiche Farbe wie der nahegelegene Hügel.

S. 122/123
95 Die Gegend von Altamura ist von Weizenfeldern geprägt. Nicht selten trifft man noch Bauern, die nach alter Väter Sitte arbeiten.

96 Gravina in Puglia, eine auf einem steil abfallenden Tuffelsen erbaute Stadt von besonderem Gepräge, ist eine der ältesten ländlichen Ortschaften dieser Zone an der Grenze gegen die Basilicata. Die nach einem Brand in der zweiten Hälfte des 15. Jahrhunderts wiederaufgebaute Kathedrale weist Züge der süditalienischen Spätrenaissance auf.

97 Die Fülle der Sehenswürdigkeiten von Gravina zeigt sich auch in der Fassade der Kirche Madonna delle Grazie, eigenartig wegen des großen Adlers, der eine Rosette umschließt, was an das Wappen des Bischofs Vincenzo Giustiniani erinnert, der sie Ende des 16. Jahrhunderts erbauen ließ.

98 Die Kirche Purgatorio von Gravina ist wie ähnliche Kirchen in Süditalien mit bizarr-makabrem Schmuck versehen.

96

97

98

99–101 Einige eindrückliche Aufnahmen der großartigen Villa Meo Evoli in Cozzana, auf dem Land bei Monopoli. Sie steht in einer Gegend mit vielen Bauernhöfen, die manchmal ausgeschmückt werden und sich wie in diesem Fall in vornehme Wohnsitze verwandeln. Die klassizistische Villa ist von einem schönen Park umgeben und beherbergt eine im 19. Jahrhundert entstandene archäologische Sammlung.

S. 128/129
102 Die Olivenhaine in der Gegend von Monopoli sind von traditionellen Trulli und neuen Gebäuden übersät.

99

100

101

BR -215148

104

IV Bari

Wenn man die Eigenart einer Stadt nach ihrem Lageplan beurteilt, muß Bari überraschen. Zwei äußerst verschiedene Bilder bestimmen die Stadt auch heute noch: der alte Kern, wie eine weiße Kasba mit einem unregelmäßigen Gewirr von teilweise blind endenden Gassen; dann das Viertel Murats, als allzu regelmäßiges Schachbrett Anfang des 19. Jahrhunderts – während der kurzlebigen Herrschaft Napoleons I. über Neapel – entstanden, dessen ursprüngliche, einheitliche, klassizistische Gebäude fast vollständig durch die nach dem Zweiten Weltkrieg entstandenen Bauten ersetzt wurden.
Eine komplexe, in Familien und Sippen organisierte Gemeinschaft im ersten Modell, wo der islamische Einfluß auf das 9. Jahrhundert zurückgeht, als die Sarazenen – die in einem Zwist zu Hilfe gerufen worden waren – Bari eroberten, das bis zur Rückeroberung durch die Byzantiner über 20 Jahre Sitz eines Emirats war; eine rationale, offene, am Handel und an der Produktion orientierte Gemeinschaft im zweiten. Eine solche Dialektik der Formen und stereotypen Stadtanlagen ist auch in anderen Orten Apuliens vorhanden, vor allem längs der Küste; aber in Bari ist sie besonders ausgeprägt.
Beide Formen und Phasen der Stadt entsprechen zwei großen – allgemeinen, nicht nur lokalen – Epochen: dem hier vorherrschend levantinisch geprägten Mittelalter und dem bürgerlichen, handelspolitisch auf die Adria ausgerichteten 19. Jahrhundert. Beide Epochen werden sozusagen symbolisch von einer Persönlichkeit verkörpert: im Mittelalter von Nikolaus, dem Heiligen von Myra, 1087 aus seinem Grab an der türkischen Südküste geraubt von einer genialen Übersee-Expedition, die wahrscheinlich vom Abt Elia (der wenig später den Bau der großen Basilika anordnete) ausgedacht worden war; im 19. Jahrhundert von Murat, der am 25. April 1813 auf einem weißen Pferd in Bari einritt; die genaue Stelle, wo er die Altstadt betrat, ist bekannt: an der heutigen Kreuzung zwischen dem Corso Vittorio Emanuele II. und dem Corso Cavour. Mit den Statuten für das neue Viertel und einer bis dahin unbekannten Enteignung der ganzen Zone um die Altstadt wischte er Widerstände und überholte Denkweisen beiseite.
Bari ist eine jener mittleren und großen italienischen Städte, die sehr stark gewachsen sind: von 20 000 Einwohnern in den ersten Jahrzehnten des 19. Jahrhunderts auf 400 000 heute. In dieser neuen, aus den Nähten geplatzten Stadt, die viele Vororte eingemeindet hat, bleibt der Verwaltungsapparat im Herzen des Stadtteils Murats konzentriert, der ein eigentliches Geschäfts- und Büroviertel geworden ist. Außer den Institutionen des Handels und der Finanzen befinden sich hier auch die städtischen Behörden. Im Unterschied zur heutigen städtebaulichen Anonymität verstand es Bari Ende des 19. und Anfang des 20. Jahrhunderts, das Schema seiner rationellen, wenn auch oft monotonen Verkehrsadern mit den Gebäuden weitsichtig geplanter Institutionen zu unterbrechen – der Handelskammer (1882), dem Athenäum (1863), dem Teatro Petruzzelli (1900) –, während sich am Rande des Viertels Murats, jenseits der Mauern und der Eisenbahn, gegen den neuen, großen Hafen zu, schon 1840–1850 eine auch dem ausländischen Kapital offenstehende Industrie ausbreitete (österreichisch-deutsche und französische Gesellschaften waren recht aktiv).
Auch das faschistische Regime trug mit dem Bau der Uferpromenade zum Aussehen der Stadt bei und band sie nicht zufällig (wie schon mit der Fiera, die 1928 eingeführt worden war) an den Mythos des Meeres und des Nahen Ostens, indem symbolische Monumente aufgestellt wurden, wie z.B. die großen Bronze- und Steinstatuen im typischen, neoklassizistischen Stil des 20. Jahrhunderts, die den Themen Vaterland und Arbeit gewidmet waren.
Sogar der einzige, winzige Platz des Viertels des 19. Jahrhunderts an der vornehmen Via Sparano vor der Kirche San Ferdinando wurde in jenen

S. 130/131
103 Die Meerpromenade von Bari ist ein Beispiel für die städtische Ausdehnungspolitik, die in der apulischen Hauptstadt seit 1928 betrieben wurde. Auf dem aufgeschütteten Küstenareal wurde in den dreißiger Jahren eine Reihe mächtiger Gebäude erstellt, um dem Programm gerecht zu werden, das in Bari die ideale Stadt für den Verkehr mit dem östlichen Mittelmeer und dem Orient sah. Links im Vordergrund das Gebäude des Comando della Zona Aerea.

104 Der Eingang zum Sitz des Assessorato ai Lavori Pubblici (Assessoramt für öffentliche Arbeiten) der Region Apulien. Das in die Reihe der anderen Paläste an der Meerpromenade eingefügte Gebäude wurde 1932 vom Architekten Carlo Vannoni aus Rom gebaut. An der Fassade die «Statue des Erbauers», ein Werk des apulischen Bildhauers Filippo Cifariello.

105 In der natürlichen Bucht des alten Hafens von Bari hinter der Altstadt liegen die kleinen Fischerboote vor Anker. Alle Einwohner Baris fühlen sich diesem Ort, an dem ein kleiner Fischmarkt abgehalten wird, besonders verbunden. Dieser kleine Hafen wird ständig sowohl von Einheimischen als auch von Touristen aufgesucht.

Jahren noch verkleinert, indem die Kirche in ein mächtiges Gebäude integriert wurde, nicht ohne eine Reihe von Läden am neuen Gebäude anzubringen, in perfektem Einklang mit dem lokalen Merkantilismus; diesem hatte die mittelalterliche Stadt ihren größten Platz, die Piazza Mercantile, gewidmet und dort in der Mitte einen großen steinernen Löwen im romanischen Stil aufgestellt, dessen Säule als Pranger für zahlungsunfähige Schuldner diente. Zu solchen «Denkmälern» kamen damals noch die von Privaten errichteten Gebäude hinzu: Ende der zwanziger Jahre an der Via Sparano das große Warenhaus eines reichen, unternehmerischen Kleider- und Stoffhändlers, ganz aus verziertem Marmor und Eisen, mit einer glänzenden Goldkuppel; in den sechziger Jahren der Sitz des Verlages und der Buchhandlung Laterza, ebenfalls an der Via Sparano, an der Stelle des alten Gebäudes, in dem Benedetto Croce aus und ein ging und von wo an der Schwelle des 19. zum 20. Jahrhundert und in den dunklen Jahren des Faschismus liberales Gedankengut seinen Weg nach draußen fand.

Institutionen des Handels, der Lehre und der Forschung sowie der Dienstleistungen – mehr noch als der Industrie – prägen die heutige Stadt: Der Handel kann auf ein weites, interregionales Gebiet zählen; die Provinz Bari hat allein über anderthalb Millionen Einwohner. Was die Universität angeht, so ist die hiesige volkswirtschaftliche Fakultät nach Venedig und Genua die dritte in Italien Ende des 19. Jahrhunderts. Sie war bezeichnenderweise die erste Fakultät des großen Athenäums von Bari, das heute von 60 000 Studenten besucht wird. Die kürzlich von einer Universitätsgesellschaft für fortgeschrittene Technologie geschaffene Tecnopolis bietet Hunderten von Forschern eine Wirkungsstätte. Und schließlich die Dienstleistungen: Bari bietet besondere kulturelle Veranstaltungen, u.a. Konzerte im Teatro Petruzzelli.

Die Industrie ist in einem gewissen Sinn verborgen, sowohl im Stadtbild als auch in sozialer Hinsicht. Sie verteilt sich an der Peripherie der Großstadt, oft längs der wichtigsten Straßenachsen, mit ihren planlosen Werkanlagen; häufig ist sie mit dem Handel und mit Warenlagern verflochten, manchmal zerstörerisch, manchmal diskret und fast rationell. Die Industrie beherrscht hier nicht das Stadtbild, wie z.B. die Hochöfen in Tarent. In Bari erinnern nur noch verblaßte Ansichtskarten vom Ende des letzten Jahrhunderts an die Schwerindustrie mit den Reihen rauchender Schornsteine längs der Eisenbahn und außerhalb der Mauern bis zum Hafen; das war, bevor der Faschismus Bari brüsk zur neuen, interregionalen Hauptstadt Süditaliens umfunktionierte.

Die Pendler der öffentlichen Verwaltung, der Dienstleistungsbetriebe im allgemeinen und des Handels, die jeden Tag zu Zehntausenden einzeln oder mit ihren Familien in die Stadt strömen, bestimmen – um es mit den Worten des Soziologen Amendola auszudrücken – die apulische Metropolis. Das Stadtbild ist hier eher das eines überdimensionierten Marktes, eine Abfolge von glitzernden Schaufenstern im Zentrum um die Via Sparano, wo die einheimischen Produkte sich neben den großen, internationalen Marken sehen lassen können, wo die bunten Warenlager der Stoffgroßhändler nur noch kurze Zeit weiterbestehen, bevor sie wegen der zu hohen Mieten an den Stadtrand ziehen müssen.

Das anachronistische, aber zweifelsohne lebhafte Bild des Basars, der Stadt als Markt, wird noch dadurch verstärkt, daß Bari – ungewöhnlich für Süditalien – keinen Barock aufweist, keine prunkvollen Wohnsitze der verstädterten Großgrundbesitzer-Aristokratie; im alten Stadtkern und im Viertel des 19. Jahrhunderts findet man einzig die charakteristischen Turmhäuser der Kaufleute des Mittelalters oder die würdevollen Häuser eines Bürgertums oder

105

106 Im 1902 erbauten Teatro Petruzzelli befindet sich einer der größten Säle Italiens mit einem Fassungsvermögen von 4000 Personen unter seiner mächtigen Kuppel. Die vergoldeten Friese an den Rängen, die Fresken der Kuppel und der große Vorhang sind sinnfälliger Ausdruck der apulischen Opernbegeisterung. Das Gebäude steht an einer der Straßen des im 19. Jahrhundert erbauten Viertels von Bari, am Corso Cavour. Mit seinem eklektischen Stil trägt es dazu bei, dieser wichtigen Straße der Stadt ein einheitliches Aussehen zu verleihen.

eines Patriziats, die sich – nach klassisch «europäischer» Art – aus vermögenden oder abgeklärten, in der Realität verwurzelten, in der Lokalregierung tätigen Familien herausgebildet haben.
Aber dies gilt für die Vergangenheit, d.h. für die Stadtstruktur, wie sie sich bis ins 19. Jahrhundert entwickelt hat. Das neuere Bari, das vor allem jenseits der Eisenbahn entstanden ist, hat sich nicht im gleichen Maße positiv profiliert, weder als Markt-Stadt noch als Sitz der erwähnten Produktionsstätten und kulturellen Institutionen. Nur in wenigen Beispielen erkennt man Anzeichen des Neuen, eines trotz allem noch wahrnehmbaren Wachstums der Gemeinschaft, das sich jedoch in der Stadtanlage widersprüchlich ausdrückt. Spezifische Bereiche – nebst der bereits erwähnten Universität, der Forschung und dem qualifizierten Verlagswesen –, die deutlich im Wachstum begriffen sind: die Musik, die Fotografie oder Sammlungen und der Handel mit avantgardistischen Kunstwerken (wer weiß z.B., daß sich in Bari die vielleicht größte private Sammlung Italiens von zeitgenössischen amerikanischen Künstlern befindet?). Eine Stadt, die sich verändert, wo sich immer mehr Umweltschützer um die Erhaltung der Natur und wenig bekannter oder geschätzter historischer Zeugnisse bemüht, wo aber auch ein starker Anstoß für radikale Erneuerungen ohne Rücksicht auf die Geschichte bis ins Herz des Viertels Murats besteht. Dies weist – typisch für die Einwohner Baris – zugleich positive (Produktivität, Erneuerung) und negative (Zerstörung der Umwelt, Verlust von Traditionen) Aspekte auf. Aber auch eine Stadt, die gebremst wird von den problematischen Beziehungen zu Süditalien, von dem sie umgeben ist und dessen Führerrolle sie in einem gewissen Sinn übernommen hat. Eine Stadt, die auch von einem fehlenden Gleichgewicht zwischen den neuen Machtfaktoren gebremst wird, was zu einem beängstigenden Ausmaß an Handlungs- und Entscheidungsunfähigkeit führt, weshalb Strukturen, die für eine weitere Entwicklung von Ökonomie und Unternehmen wichtig wären, nicht bereitgestellt werden können. Eine Stadt, in der – zusammen mit schwerer Rückständigkeit – tiefe soziale Ungerechtigkeiten weiterbestehen; wir erwähnen die Schlafquartiere der mehr oder weniger weit entfernten Peripherie, die Kriminalität und die Arbeit Minderjähriger sowie die unhaltbaren Zustände in der Schul- und der Gesundheitspolitik.

106

107

Die Altstadt

Die alte Stadt Bari entstand in vorrömischer Zeit auf einer kleinen Halbinsel. Ihr Ursprung geht in die Bronzezeit zurück, und schon im 3. Jahrhundert v.Chr. wird sie ein wichtiger Ort der Peucetia, des Siedlungsgebietes der illyrischen Peuketier. Vom 7. bis zum 13. Jahrhundert n.Chr. wurde sie nacheinander von Byzantinern, Sarazenen (Arabern und Berbern), Normannen und Staufern regiert. Auf das 11. Jahrhundert gehen die Kommunalkämpfe zur Befreiung der Stadt zurück. Anjou, Aragonesen, Sforza, Bourbonen und Spanier beherrschten sie vom 14. bis zum 17. Jahrhundert und hinterließen deutliche Spuren in der Architektur, im Dialekt, in den Familiennamen und in vielen Sitten und Bräuchen einer Bevölkerung, die, obwohl sie beherrscht wurde, sich nie so fühlte, sondern selbständige Wege für ein fleißiges, reichhaltiges Leben im Handel und auf intellektuellem Gebiet suchte und fand. Als Agrar- und Handelsstadt mußte Bari lange das Los der Königs- oder Baronenstädte ertragen, denen es verboten war, außerhalb der Mauern zu bauen. Dies führte zu einer hohen Zahl von Aufstockungen, Zwischenstockwerken, Untergeschossen und phantasievollen Gebilden, architektonisch an der Grenze des Möglichen. Wenn man bedenkt, daß damals als Baumaterial für einen großen Teil der Behausungen der bröcklige Tuffstein verwendet wurde, versteht man, warum heute so viele Viertel in einem schlechten Zustand sind und warum es so viele Schwibbögen in den Gassen gibt. Diese Schwibbögen entstanden, um die Mauern zu stützen, und wurden mit der Zeit als Behausungen ausgebaut.

Die Altstadt hat die typische Anlage einer mittelalterlichen Stadt. Die Bauten folgen den Unebenheiten des Geländes, die Straßen verlaufen winklig, so daß der Wind nicht hindurchblasen kann. All dies und die Lage der Häuser zur Sonne führen zu einer einheitlichen, kompakten Struktur, die nur von den leeren Plätzen unterbrochen wird. Man kann einen Rundgang bei

107 Ein charakteristischer Ausschnitt des alten Bari mit Bögen, durch die man in das typisch unterteilte, mittelalterliche Viertel mit seinen Gassen und kleinen Höfen gelangt. In dieser Zone ist die islamische Siedlungsstruktur erkennbar, die sich vor allem in den engen, häufig ihre Richtung wechselnden Straßen und in den Sackgassen zeigt; das sarazenische Emirat 847–871, dessen Hauptstadt Bari war, hat seine Spuren hinterlassen.

108 Der Innenhof des Stauferkastells in Bari. Der mächtige Bau steht am Rand der Altstadt und ist so, wie wir ihn heute sehen, das Ergebnis verschiedener Veränderungen. An der ursprünglichen, normannischen Festung wurden unter Friedrich II. nach 1220 Arbeiten ausgeführt, die zur künstlerischen Aufwertung und zur Verbesserung der Verteidigungsfunktion beitrugen. Am Kastell kann man das Niveau der Künstler ablesen, die Friedrich II. in Apulien versammelte: Der Eingangsbogen an der Westseite, die feierliche Vorhalle mit den Kreuzgewölben, behauene Konsolen und die Treppe im Innenhof sind nur einige Beispiele aus jenen Jahren. Zu den viereckigen, mit Quadern aus Tuffstein verkleideten Türmen und zur Verteidigungskurtine aus der Stauferzeit kam im 16. Jahrhundert ein Wall hinzu.

108

der Via Venezia beginnen, nach der Piazza del Ferrarese mit dem Fischmarkt rechts und dem anmutigen, romanischen Kirchlein Vallisa links. Die alten Stadtmauern von Bari können begangen werden; von hier bieten sich schöne Ausblicke. Vom Fort oder von einer der verschiedenen Strebemauern aus kann man das Meer bewundern. Im Hintergrund die unverwechselbare Silhouette des Klosters Santa Scolastica; wenn man links von der Stadtmauer hinuntersteigt, kommt man zur Piazzetta di Santa Maria, wo man sich die archäologischen Ausgrabungen des Mittelalters ansehen kann. Das Stauferkastell und die Kathedrale San Sabino, dem früheren Schutzheiligen von Bari geweiht, überragen mit ihren mächtigen Umrissen die lebhafte Altstadt. An der Piazza Mercantile stehen der Sedile dei Nobili und die eindrucksvolle, zur romanischen Löwenskulptur gehörende Colonna della Giustizia (Säule der Gerechtigkeit), die im Jahr 1000 erbaut wurde und als Pranger für die zahlungsunfähigen Schuldner diente. Von dort geht man die Via Palazzo di Città entlang. Nach einem Halt bei Nr. 74, um «Frutti di mare» zu kosten, folgt man weiter dieser vornehmsten Straße der Altstadt mit den Palästen der alten Familien. Hier standen das städtische Justizgebäude und das Gefängnis, hier ist die lichtvolle Fassade der Kirche Sant'Anna und weiter unten ein guterhaltener Palast aus dem Mittelalter. Schließlich eine Bäckerei, in deren Inneren sich Säulen und archäologische Funde aus dem 11. Jahrhundert befinden. Dann steht man vor der Apsis der Basilika San Nicola, eines prächtigen Beispiels romanischer Architektur Apuliens. 62 Seeleute brachten am 8. Mai 1087 die den Türken (die damals Myra vorübergehend erobert hatten) vielleicht eher abgekauften als entwendeten sterblichen Überreste des großen Heiligen in ihre Stadt. Deshalb strömen noch jedes Jahr im Mai Pilger herbei, die jene mittelalterliche Atmosphäre, die ohnehin typisch ist für die Altstadt von Bari, erst perfekt machen.

109 Am Eingang zur Altstadt liegt die große Piazza Mercantile, das ehemalige Geschäfts- und Handelszentrum, wo sich außerdem – nämlich im Sedile dei Nobili – ein großer Teil der Staatsgeschäfte abwickelte. Neben dem Sedile steht als stummer Zeuge alter Gesetze, denen die Stadt im Mittelalter unterstellt war, der Pranger, eine Säule mit einem spätromanischen Löwen daneben; sie heißt «Säule der Gerechtigkeit», weil die zahlungsunfähigen Schuldner dort angebunden wurden.

109

110 An den Häusern der Altstadt findet man die traditionellen Votivnischen, zu denen die Bewohner eine enge Beziehung haben.

110

111 Ein Fischhändler mit seiner Auslage von Sardellen und Frutti di mare, die an der Küste von Bari gefangen werden.

112 Ein Bild, das die Atmosphäre der Altstadt wiedergibt. Es wären zwar weitsichtige Restaurationsarbeiten nötig, aber die Altstadt ist trotzdem ein lebhafter Ort geblieben, wo sich die Leute zusammenfinden.

111

112

113, 114 Zu Bari gehört ein typisches Produkt: die Orecchiette (Teigwaren). In der Altstadt trifft man häufig Frauen, die den Teig bearbeiten; die Orecchiette werden dann in den charakteristischen Behältern zum Trocknen ausgelegt (im Bild Nr. 114 rechts oben).

113

114

115–117 1089 wurden die Reliquien des hl. Nikolaus von Urban II. feierlich in die Krypta übergeführt. Der Bau wuchs schnell und gewann eine für Süditalien neuartige Gestalt, zum Teil von der Basilika San Benedetto in Montecassino beeinflußt, zum Teil von den großen Sakralbauten nördlich der Alpen. Ins geräumige, nicht unterteilte Querhaus mit drei Apsiden fügt sich das Längshaus mit feierlichen Galerien, dessen Seitenschiffe durch von Stützpfeilern unterbrochene Säulenreihen abgetrennt werden. Außen scheint die Fassade zwischen zwei niedrige, verstümmelte Türme gezwängt, während die Apsiden auf der Rückseite außen von einer geraden Mauer verborgen werden, über der sich zwei hohe Glockentürme erhoben, die im 17. Jahrhundert zerstört wurden. An den Seitenfassaden verlaufen unter einer Galerie tiefe Blendarkaden mit der Funktion von Stützpfeilern und verbinden das Querhaus mit den zwei ungleichen Türmen. Reicher Skulpturenschmuck findet sich an den Kapitellen der Krypta und der Schiffe, in der Kirchenausstattung und an den Rahmen, die das Fenster der Apsis und die fünf Tore zieren, über dem mittleren Portal ein von Stieren gestütztes Vordach. Auf das 12. Jahrhundert geht der im Presbyterium aufbewahrte, von Sklaven gestützte, marmorne Bischofsthron zurück. Das kostbare Bildhauerkunstwerk bezeugt die Offenheit der apulischen Schule gegenüber den Kultureinflüssen der Emilia-Romagna.

115

116

117

Mythos und Geschichte des Nikolauskultes

118 Der historische Umzug, der am 7. Mai, dem Vorabend der traditionellen Feier des hl. Nikolaus, stattfindet, wird von einem eindrucksvollen Auftritt geschickter Fahnenschwinger abgeschlossen.

Der hl. Nikolaus ist je nach Bedarf Mythos, Legende, Geheimnis, Schutzpatron oder gar Lockvogel für die Händler (sein Bild hängt über allen Ladentischen von Bari); aber er harrt noch einer philologischen Auslegung seiner Figur und seiner Funktion im Wachstum der Stadt vom Mittelalter bis heute. Im Streit um den Besitz der Reliquien angesehener Heiliger, die die Wallfahrer anziehen, waren die Einwohner von Bari im Vergleich zu anderen Küstenstädten (Amalfi, Genua, Venedig) im Hintertreffen, aber dann gelang ihnen ein großer Wurf. Alle bedeutenden Mittelmeerstädte besaßen auch bedeutende Reliquien: Antiochia (das heutige türkische Antakya), Alexandria, Syrakus, Karthago und Ephesus, vom ungeheuren Reliquienschatz Konstantinopels, des Pantheons aller Kulte, von Jerusalem und Rom ganz zu schweigen. Durch verschiedene historische Ereignisse wurde dieser Schatz zerstückelt, ging verloren oder wurde längs der berühmten Wallfahrtswege in alle Winde zerstreut. Durch seine Lage als Brücke zum Nahen Osten wurde Apulien zur obligatorischen Etappe für die Pilger aus dem Norden (Iren, Normannen, Deutsche) auf ihrem Weg ins Heilige Land. Sie schifften sich in den im Hochmittelalter bereits blühenden Häfen Apuliens ein. In Canosa befanden sich die Reliquien des hl. Sabino, Bischofs der Stadt und großen Wundertäters. Als Canosa wegen Überfällen von Langobarden und Sarazenen an Bedeutung einbüßte, erbte Bari, aufsteigender Sitz der neuen politischen Macht Süditaliens – der byzantinischen Herrschaft –, die sterblichen Überreste des hl. Sabino und bewahrte sie in seiner Kathedrale auf.

Dank den Reliquien Sabinos wurde Bari eine der «Stationen» des Pilgerweges zum Heiligen Land. Die politische Machtstellung, der Einfluß des byzantinisch-orthodoxen Ritus, die intensiven Beziehungen in Handel, Kultur und vor allem Politik zum Nahen Osten und zur Hauptstadt des Byzantinerreichs, Konstantinopel, verliehen der zur Hauptstadt des Catapanato (byzantinische

118

119 Ein Merkmal der Feier des hl. Nikolaus sind die zahlreich herbeiströmenden Wallfahrer, die mit ihren unverändert gebliebenen Riten belegen, wie erfolgreich der Kult des Heiligen ist. Sie kommen aus den angrenzenden Regionen, aus Kampanien, Molise und den Abruzzen, aber auch aus anderen Gebieten Italiens; in den letzten Jahren schlossen sich auch Wallfahrer und Priester der griechisch-orthodoxen Kirche an. Besondere Beachtung verdienen die Standarten, die jede Gruppe mit sich führt. Einige sind sehr alt, vom Volk hergestellt und mit volkstümlichen Motiven versehen.

Statthalterschaft) Süditalien erhobenen Stadt ein neues Gesicht. Bari stand im Mittelpunkt vielfältiger Interessen, eines Wachstums und einer Entwicklung wie nie zuvor. Es hatte viele Einwohner, war reich an Kirchen und öffentlichen Gebäuden und wurde ein wichtiger Knotenpunkt für den Handel im Mittelalter. Der alte Lokalkult des hl. Sabino reichte nicht mehr aus; eine entscheidende Wendung tat not für die kleine byzantinische Provinzhauptstadt. So wurde beschlossen, die Reliquien eines der bedeutendsten Heiligen der byzantinischen Ökumene, des hl. Nikolaus, zu holen. Er war in einer Kirche in Myra, im Süden der heutigen Türkei, begraben. Die Expedition wurde sorgfältig vorbereitet und glücklich zu Ende geführt. Die Stadt jubelte. Als Grabstätte wurde die Basilika San Nicola errichtet, eine der schönsten und größten Kirchen auf dem Wallfahrtsweg zum Heiligen Land. Papst Urban II. besuchte die Stadt und weihte das neue Gebäude feierlich ein. Bari bestätigte so seine Rolle als aufstrebendes Zentrum der Region.

Bari und der hl. Nikolaus bilden eine unlösbare Einheit; eins kann nicht sein ohne das andere. Der Kult und die Person des hl. Nikolaus sind in jedem Augenblick der Geschichte und des Alltags von Bari lebendig. Eine intensive Beziehung, die Mentalität, Kultur und Folklore mit einbezieht.

Die Erinnerung an den «heiligen Raub» wurde in Bari seit jeher mit zwei großen Festen gefeiert: im Dezember und im Mai (im Mittelalter war das Dezemberfest, von dem man detaillierte Beschreibungen hat, das wichtigere). Heute wird vor allem im Mai gefeiert, mit einem großen historischen Umzug in Erinnerung an die Rückkehr der drei Karavellen und der Mannschaft, die die heilige Mission vollbracht hatte (7. Mai).

Am nächsten Morgen organisieren die «Kompanien» der Wallfahrer aus den Abruzzen, aus Molise, Kampanien und Apulien eine lange, malerische Prozession, jede mit ihrer bunten Standarte und den grellen Uniformen.

Musik, Gebete, Litaneien, Klagelieder, Bräuche und handelnde Personen formieren sich zu einer lebenden Dokumentation der Volkskultur und zu einem Abriß der historischen Ereignisse. So wurde die Verehrung des Volkes für einen Heiligen von jenseits des Meeres Motiv und Zeichen eines Zusammenschlusses von Kulturen nicht nur aus dem Mittelmeerraum, sondern in fast ökumenischer Spannweite. Und dabei hat Bari – was in der Geschichte Seltenheitswert hat – eine Hauptrolle gespielt.

S. 152/153
120 Die enge Beziehung vieler Ortschaften Apuliens zum Meer wird in Bari an der Feier des hl. Nikolaus deutlich. Dabei wird die positive Rolle, die das Meer von jeher in der Geschichte der Stadt gespielt hat, hervorgehoben: Die Begegnung zwischen dem Heiligen, der ja auch Patron der Schiffer ist, und den Gläubigen findet im Zeichen des Meeres statt. Im alten Hafen von Bari wimmelt es dann nur so von Booten – die Gläubigen wollen auf diese Weise dem hl. Nikolaus nahe sein und gleichzeitig an der Begegnung mit dem Meer teilnehmen.

119

GIUSEPPE

Der Verlag Laterza

121 Die Buchhandlung Laterza mit dem Bild des Philosophen Benedetto Croce (Bildmitte), der bei diesem Verlag in Bari den größten Teil seiner Werke veröffentlichte, ist ein wichtiger Bezugspunkt im kulturellen Leben der Stadt.

Am Anfang unterscheidet sich die Geschichte des Verlags Laterza nicht von der anderer kleiner Unternehmen in Apulien. 1886 existierte ein von einem gewissen Vito Laterza gegründetes Schreibwarengeschäft in einem Dorf der Provinz Bari. Da im Dorf kein großer Umsatz möglich war, zog das Geschäft nach Lecce um. Aber die Situation änderte sich erst, als die Firma in die große Hauptstadt Apuliens verlegt wurde (1889). Im lebhaften Bari erweitert sich das Unternehmen der Familie Laterza (außer Vito arbeiten sein Bruder Pasquale und andere Familienangehörige mit) durch den Ankauf einer Druckerei. Zuerst werden Visitenkarten, Briefpapier und Weinetiketten gedruckt; aber die Familie Laterza ist sich der Produktionsmöglichkeiten der Druckerei, die sie von einer Zeitung erworben hat, bewußt und will sie auf die bestmögliche Art nutzen. Ein Bruder von Vito, Giovanni, wird von seiner Arbeit in Mailand nach Bari geholt (1896). Giovanni Laterza ist fleißig und geschickt; wie Vito, der in Ägypten als Schreiner tätig gewesen war, hatte auch er mehr von der Welt kennengelernt als nur seine Dorfumgebung. Er war Friseur in Mailand gewesen, wo er Agostina Broggi geheiratet hatte, die bei Hoepli in der Buchhandlung und im Verlag angestellt gewesen war. Ihr verdankte Giovanni viele Ideen, Anregungen und Methoden, die das kleine Unternehmen in eine Buchhandlung und einen Verlag umwandelten. 1901 erscheint der erste Band mit dem Verlagsnamen Laterza. Im Jahr darauf reist Giovanni auf der Suche nach Autoren und guten Ratschlägen nach Neapel. Er sucht Giovanni Bovio, Francesco Saverio Nitti und Benedetto Croce auf, von dem er ermuntert wird, Bücher aus den Bereichen Politik, Geschichte, Kunstgeschichte und Philosophie zu verlegen. In den folgenden Jahrzehnten ist der Einfluß Croces entscheidend. Die Richtung des Hauses Laterza ist festgelegt: «Bibliothek der modernen Kultur», «Benedetto Croces Werke», «Schriftsteller Italiens», «Klassiker der modernen Philosophie» und «Politik und Wirtschaft» sind die Reihen, die das Rückgrat des Verlags bilden. Nachdem Giovanni gestorben war (1943), leitete sein Sohn, «Doktor Franco» – ein herzlicher, humaner und zugleich kluger Geschäftsführer, der in London bei Macmillan in die Lehre gegangen war –, eine Phase von Veränderungen ein. Nach dem Tod Croces (1952) wird «Doktor Vito», Sohn von Giuseppe, dem Direktor der Druckerei, der neue Manager. Wie seine Cousins ist auch er zur Ausbildung weggeschickt worden, und zwar an die florentinische Schule von Eugenio Garin. Vito Laterza verändert die Struktur und die Entwicklungsrichtung der Verlags tiefgreifend. Ihm verdanken wir neue Reihen, die den Verlag beleben und erweitern. Seit dem Anfang der fünfziger Jahre verlagert das Haus Laterza seinen Schwerpunkt auf die Zeitgeschichte, auf Werke der Kultur als Handlungsinstrument und auf die politische Funktion der Kultur. Vito überwand schwierige Situationen durch umsichtige Lösungen und Innovationen, ohne der Tradition zu viele Zugeständnisse zu machen, und legte dabei jene Fähigkeit an den Tag, das Gebot der Stunde schnell zu begreifen, die für die Unternehmer Baris so typisch ist. Heute plant Vito neue Initiativen, hauptsächlich in Richtung der politischen und sozialen Zeitgeschichte, die er als erster ins italienische Verlagswesen eingeführt hat.

GIUS. LATERZA
PUGLIA
CONSTANTER ET NON TREPIDE
GIUS. LATERZA & FIGLI

121

Die Stadt der Händler

122

«Barensis nisi vendit moritur» – das jahrhundertealte Sprichwort besagt: Wenn ein Einwohner von Bari nichts verkaufen kann, stirbt er. Die Basilika des neuen Schutzheiligen Nikolaus war im 12. Jahrhundert noch nicht vollendet, als in Bari bereits ein Maifest erfunden wurde, um die Wallfahrer zu rupfen, die aus dem ganzen Balkan und aus Süditalien herbeiströmten. An der Fassade der Kirche wurde neben den Stieren, die das Portal tragen, ein 58,5 cm langer Stab aus dem Stein gehauen, um gleich dort Stoff, Seide und Tuch abzumessen. Wenn am 7. Mai die Statue des hl. Nikolaus aus der Altstadt hinausgetragen und auf ein Fischerboot gebracht wird, wird nicht zufällig der erste Halt in der Halle der Handelskammer gemacht. 1813 war sie eines der ersten großen öffentlichen Gebäude in der neuen Stadt Murats. Als 1930 die Fiera del Levante eingerichtet wurde, konnte sich die gerade aus der Taufe gehobene internationale Mustermesse von Bari bereits einer alten Tradition rühmen. Auch die Funktion der Stadt war klar: Treffpunkt und Tauschplatz zwischen Ost und West, zwischen Nord und Süd. In die Hauptstadt Apuliens kamen jede Woche Slawen, Dalmatiner, Montenegriner und Albaner. Nach lebhaften Verhandlungen kehrten sie schwerbepackt zurück. Auch König Nikolaus von Montenegro versuchte um den Preis zu feilschen, als er mit Pferden, Schafen, Käse und Schildkröten zum Tauschen eintraf. Zwischen zwei Geschäftsabschlüssen wurde 1896 auch die Heirat seiner Tochter Helena mit dem zukünftigen König von Italien, Viktor Emmanuel III., vereinbart. Die Warenlager der Händler von Bari reihten sich längs der Straßen, wo die Kunden herkamen: am Eingang der Altstadt, hinter dem Hafen, beim Bahnhof – an der Via Capruzzi die Lebensmittelgroßhändler, an der Via Argiro und Via Melo Verkäufer von Stoff und Bekleidung. Dem Detailhandel waren die eleganteren Straßen vorbehalten: Corso Cavour und Via Sparano. Jeden Tag, besonders aber montags, strömen die Leute aus dem Hinterland herbei, um den Erlös aus ihren

122, 123 An der Hauptstraße der Stadt, der Via Sparano, liegen seit Anfang des 20. Jahrhunderts die bedeutendsten Geschäfte. Hier wurde 1927 das Warenhaus der Firma Mincuzzi eröffnet. Von der prunkvollen Ecke (Nr. 122) mit der großen Kuppel gelangt man in die Eingangshalle mit der prächtigen Treppe (Nr. 123), die den bekanntesten großen Warenhäusern von Paris und Amerika nachempfunden ist.

123

124 Sinnfälliges Zeichen für die Erneuerungsphase, die Süditalien durchmacht, ist das Forschungszentrum Tecnopolis in Valenzano del Bari: eine regelrechte Stadt der Telematik, wo modernste Technologien in den Dienst von Ämtern, Forschungsinstituten und Unternehmen gestellt werden. Das Zentrum verfügt auch über eine Schule für die Länder der dritten Welt und bildet einen Treffpunkt für alle fortschrittlichen Industrien, die an der Revolution der Informatik teilnehmen wollen.

124

125

Ernten (Wein, Öl, Tomaten, Gemüse, Mandeln und Artischocken) hier auszugeben.
Mit der Zeit hat Bari sein Stadtbild – ein monotones, regelmäßiges Schachbrett – der Entwicklung des Handels angepaßt. Die Straßen des Zentrums haben sich mit Boutiquen für das anspruchsvolle Bürgertum, die Neureichen, gefüllt. Nach und nach verlassen die Großhändler das Zentrum und richten sich in den modernen Handelszentren in der Nähe der Autobahnen, des Flughafens und der Industriezone ein.
Bari ist heute nicht mehr ausschließlich eine Stadt der Händler. Kürzlich wurde es vom Censis (statistisches Amt) als eine Industrie- und Handelsstadt mit gutausgebauten Dienstleistungen für die Unternehmen (im weitesten Sinn) eingestuft. Unternehmer und Selbständige machen 5,2% der berufstätigen Bevölkerung aus. Das ist weniger als Mailand (6,6%), aber mehr als Rom, Turin und Genua (ca. 4%). Die Entwicklung vollzog sich im Lauf dieses Jahrhunderts. Die Ausdehnung des neuen Stadtteils setzte mit der Bauaktivität den Kapitalfluß in Bewegung. Die Händler wollten auch Statussymbole. Zwei von ihnen, die Brüder Petruzzelli, zahlten aus eigener Tasche Millionen für den Bau eines der größten Theater Italiens (1902). Ende des 19. Jahrhunderts entstanden viele Betriebe für die Verarbeitung und die Konservierung der Landwirtschaftsprodukte sowie viele Metall- und Maschinenbaufabriken. In der zweiten Hälfte des 20. Jahrhunderts ging die Entwicklung weiter mit der Vermehrung kleiner und mittlerer Industrien. Baris Kultur hat keine humanistische Tradition. Man lebte nach dem Motto: Zuerst das Geld, dann die Literatur. Bevor 1925 die Universität entstand, hatten gerissene Kaufleute eine Höhere Schule für Ökonomie und Handel gegründet. Der Höhepunkt ist im September die Mustermesse, die größte Italiens nach Mailand. Von der Schwerindustrie bis zur Elektronik, vom Kunsthandwerk bis zur Mode ist alles vertreten.

125 Die Datenverarbeitungsanlage der Cassa di Risparmio (Sparkasse) Apuliens gibt eine Vorstellung von den komplexen Einrichtungen dieses Hauses.

126 Eines der bedeutendsten Werke der Industriezone von Bari: die Officine Calabrese, wo Kipphänger und Industriefahrzeuge gebaut werden.

S. 160/161
127 Eine effektvolle Zusammenstellung von Baumaschinen an der Fiera del Levante. Das Messegelände ist von eigenartigen Mauern und Türmen in einem etwas naiven pseudomaurischen Stil umgeben, die in den dreißiger Jahren errichtet wurden, als die Fiera noch Schaufenster für den Handel mit dem Orient war.

126

CIFA

BONO
ALTIOR
MACCHINE ATTREZZATURE E
A LAVORAZIONE DEL LEGNO
20

V Valle d'Itria

Wenn man durch das Valle d'Itria fährt, fällt vor allem zweierlei auf: die in der Gegend verstreuten Trulli und die wie eine Kulisse wirkenden alten Ortschaften Locorotondo, Martina Franca und Cisternino.
Diese drei Orte – als Eckpunkte eines Dreiecks, das unser Gebiet umschließt – sind dank ihrer erhöhten Lage ständige Orientierungspunkte, wo auch immer man sich gerade befindet. Die heutige Landschaft und die Beziehung der Ortschaften untereinander sind sicher das Ergebnis einer Siedlungsstruktur, die auf die vorklassische Epoche der Antike zurückgeht und durch Jahrhunderte bis zum Mittelalter fortdauerte. Die ursprünglichen Siedlungen teilten das Los vieler Ortschaften Apuliens: Ende des 11. Jahrhunderts wurden sie zerstört und verlassen. Zuerst die Anjou, dann die Aragonesen richteten auf dem Gebiet von Monopoli, Fasano, Castellana, Locorotondo und Martina Franca Schafweiden ein, die man Doganella von Monopoli nannte. Im 16. Jahrhundert geriet die Doganella von Monopoli in eine Krise wegen der Verarmung des Bodens, Folge der intensiven Nutzung der Wiesen und der Bevölkerungszunahme in den Ortschaften, was den Anbau von mehr Feldern nötig machte. All das führte zu einem Konflikt zwischen Bauern und Viehzüchtern, die beide begannen, Grundstücke einzuzäunen; so entstanden die Trockenmauern zur Abgrenzung von Boden, der als Weide oder für mehr oder weniger intensiven Anbau zum Privatgebrauch genutzt wurde. Um diesen unhaltbaren Zuständen ein Ende zu setzen, beschlossen die größten Ortschaften des Gebietes, dem König die Rechte über die Doganella abzukaufen. Damit nahm durch eine langsame Umwandlung die Entwicklung zum modernen Grundbesitz ihren Anfang.
Vom geomorphologischen Gesichtspunkt aus ist das Valle d'Itria ein weites, flaches, eingetieftes Gebiet, aus dem sich zum Teil ausgedehnte Hügelzonen erheben. Diese runden oder elliptischen Erhebungen mit flachen Gipfeln sind in der ganzen Gegend verteilt und manchmal nur 10 m oder 20 m hoch. Der Fels besteht aus Kalk oder Dolomit aus der oberen Kreidezeit. Es handelt sich um eine Abfolge von weißlichen Kalkschichten mit Dolomit; in der Zwischenzone besteht der Kalk aus charakteristischen Platten («chiancarelle» genannt). Die Geomorphologie und die Beschaffenheit der Felsen bestimmen zwei wichtige Aspekte der Landschaft des Valle d'Itria, nämlich die Form des Geländes und das für die charakteristischen Bauten der Zone benutzte Material (Trulli, Häuser, Bauernhöfe und Steinmäuerchen).
Ebenfalls zur Charakterisierung der Gegend tragen einige eindrucksvolle Exemplare der ursprünglichen, spontanen Vegetation bei. Auf den Steinmäuerchen können die Botaniker Pflanzen finden und fotografieren, die sonst wegen des Eingriffs des Menschen in das Gelände verschwunden sind. Aber aus den Überresten der endemischen Vegetation der Zone ist klar ersichtlich, wie der ursprüngliche Wald ausgesehen hat. Auf den Trockenmauern findet man z. B. die Palästinaeiche (calliprina), die nur in Apulien und sonst nirgends in Italien vorkommt, und einige Unterarten einer anderen, fragna genannten Eichenart, die es an keinem andern Ort der Welt gibt.
Das ganze Valle d'Itria bildet mit seiner heutigen Vegetation eine Synthese der tiefgreifenden landwirtschaftlichen Veränderungen der Gegend um Bari in den letzten zwei Jahrhunderten. Obwohl die Reben vorherrschen, fehlen Oliven- und Mandelbäume nicht. Durch Jahrhunderte hindurch wirkte sich die Feudalherrschaft negativ auf die Entwicklung der Landwirtschaft dieser Zone aus. Erst in den ersten Jahren des 19. Jahrhunderts ändert sich das radikal, und das ganze Gebiet zwischen den Gemeinden Martina Franca, Cisternino, Locorotondo und Alberobello wandelt sich. Auf ungefähr 10% des Bodens (5000 ha) werden Reben angebaut, und schon Anfang

128 Locorotondo mit seinen kalkweißen Häusern; diese Ortschaft im Valle d'Itria ist in konzentrischen Kreisen, die den Höhenlinien folgen, auf einem Hügel angelegt. Locorotondo, wegen seines Weins berühmt, ist eine typische mittelalterliche Siedlung mit aneinandergebauten Häusern, die gewissermaßen einen Verteidigungswall bilden.

129 Die Trulli oder Casedde prägen mit ihrer konischen Struktur das Valle d'Itria. Die Fassade ist weißgetüncht, und das Dach besteht aus übereinandergelegten Steinplatten. Das Bauschema ist einfach und immer dasselbe: Von einem zentralen Raum gelangt man in kleinere Räume, die als Küche, Schlafzimmer oder Abstellraum für Werkzeug dienen. Diese faszinierenden, jahrhundertelang unverändert erhalten gebliebenen Objekte sind Zeugen der Arbeit der Bauern und ihrer Gewohnheit, auf dem Feld ein Zeichen ihrer Anwesenheit zu setzen. Ähnlich und im Ursprung den Trulli wahrscheinlich verwandt sind die Nuraghen auf Sardinien – Megalithbauwerke, deren älteste aus der Mitte des 2. Jahrtausends v. Chr. stammen.

des 20. Jahrhunderts hat sich diese Zahl verdreifacht; an der Spitze stehen Martina Franca und Locorotondo. Auf diese Umstellung kann eine andere Besonderheit dieser Landschaft zurückgeführt werden: der hohe Prozentsatz von verstreuten Häusern, der in Locorotondo etwa 50% erreicht. Verstreute, ländliche Behausungen stellen ein für die Agrarlandschaft des Valle d'Itria typisches Element dar, im Gegensatz zu den übrigen Gebieten Apuliens, wo die Bauernbevölkerung in alten Siedlungen wohnt.
Dieser weitgestreuten Siedlungsweise entspricht eine starke Unterteilung des Grundbesitzes, was in kleinen bäuerlichen Anwesen mit ihren wundervollen Trulli zum Ausdruck kommt.
Gegenwärtig hat die Entvölkerung des Landes zu einer weniger intensiven Nutzung des Bodens geführt. Als gefährlich für die Landschaft erweist sich die relativ unkontrollierte Bautätigkeit.
Seit Ende des 19. Jahrhunderts entstand in Europa ein besonderes Interesse für die «primitiven Kulturen». Historiker und Geographen begannen, das Phänomen der Trulli und die Beziehungen dieser Architekturform zur Landschaft zu studieren und zu beschreiben – mit einer ganzen Reihe von Hypothesen über ihren Ursprung. Erst heute beginnt man jedoch, die ganze Bautätigkeit dieser Gegend nicht als quasi unbewußte Wiederholung «spontaner» Handlungsweisen zu betrachten, sondern als Produkt einer regelrechten Baukultur, die sich dramatisch und bewußt in ihren Werken selbst darstellt. Bei der Architektur der Trulli von «primitiv» zu sprechen bedeutet, nur die Bauweise als solche zu berücksichtigen und nicht die Aneignung, die Verarbeitung und die Entwicklung dieser Techniken von seiten der Bürgergemeinschaft, die sie in ihrer landschaftlichen Isolation hervorgebracht hat.
Die geometrische Grundidee der Trulli – Fundament, Kegel und Mittellinie durch den oberen und den unteren Teil – sind eng auf den «menschlichen Maßstab» zugeschnitten. Dieser Maßstab ist in jeder Raumeinteilung enthalten. Im alleinstehenden Trullo mit einer einzigen Kuppel, das nur im Sommer benutzt wird, und sogar im Strohschober sind die wichtigen Teile und die kleinsten Einzelheiten in diesem Sinne proportioniert. Aus einer neueren Untersuchung über Verkaufsakten aus dem 19. Jahrhundert geht deutlich hervor, daß diese Gebäude hauptsächlich als Lager, Ställe, Unterstände für Kleinvieh und manchmal für die Verarbeitung der Landwirtschaftsprodukte benutzt wurden. Außen wird dieser ganze komplexe Grundriß von einem Mantel von Kalksteinplatten, den «chiancarelle», überdeckt. So weit das Auge reicht, verraten die Spitzen der Trulli, daß die Landschaft vom Menschen bewohnt ist – scheinbar versteinerte Zelte, die uns wie ein Dorf vorkommen, wenn sie so dicht beieinander stehen.

129

130–132 Alberobello ist der Ort mit den meisten Trulli. Sie verleihen der ganzen Siedlung eine besondere Note, was den starken Tourismus in dieser reizvollen Ortschaft begründet hat.

130

RISTORANTE
VISA
MONTE PASUBIO
A Mt. 8 PALOMINO SNACK BAR RISTORANTE CON GIARDINO PANINOTECA GASTRONOMIA LOCALE
A mt 50 Visitate il Trullo ABITATO Veduta Panoramica Ingresso Libero
A Mt. 4 VISITATE IL TRULLO ABITATO VEDUTA PANORAMICA INGRESSO LIBERO
VISITA AL TRULLO VEDUTA PANORAMICA INGRESSO LIBERO
131

132

133, 134 Die Anpassungsfähigkeit des Trullo an verschiedene Bedürfnisse wird deutlich sichtbar an den Unterständen für die Tiere, gewöhnlich Iazzi genannt, die – wie in diesem Fall – durch die Verschmelzung verschiedener Gebäude entstehen. Die Wiederholung der konischen Form verleiht dem Bauwerk einen ganz besonderen Charakter. Im Innern stehen sie miteinander in Verbindung durch eine Reihe von Bögen, die einen einheitlichen, eindrucksvollen Raum bilden.

133

S. 170/171
135 Das komplexe Gebilde eines großen Iazzo (vgl. vorhergehende Legende) in der Murgia der Trulli, in der Gegend von Martina Franca. Es handelt sich um einen Komplex von Schafställen, der sich den Unebenheiten des Geländes anpaßt und recht eindrücklich wirkt.

134

136 Architektonisches Detail des Bauernhofs Pilozzo, der sich in schlichter Monumentalität auf einem das Agrarland beherrschenden Hügel in der Nähe von Martina Franca erhebt.

137, 138 Die einfachen, aber eleganten Innenräume des herrschaftlichen Flügels eines Bauernhofs. Diese Art von Behausung war seit jeher sozusagen ein Verbindungsglied zwischen der Stadt und der umliegenden Agrarlandschaft. Manchmal verlor sie ihren bäuerlichen Charakter und nahm die Merkmale eines herrschaftlichen Wohnsitzes an.

S. 174/175
139 Der Hof des Bauernhauses Pilozzo (vgl. Nr. 136). Der Komplex des Bauernhofs entwickelt sich im Verhältnis zur Ausdehnung des Landes und zur Produktion; so bereichert er sich um neue Räume im Lauf der Jahrhunderte, wenn die zur Verfügung stehenden Arbeitskräfte zunehmen und immer weitere Gebiete entwaldet werden.

136

137

138

TA13
3242

140, 141 Die konischen Dächer der Trulli sind mit geheimnisvollen Symbolen bemalt – großen, weißen Zeichen von verschiedener Form. Fast jedes Trullo weist diese Zeichen auf, die nicht auf eine bestimmte, festumrissene Symbolik zurückgeführt werden können, sondern Teil einer seit Jahrhunderten überlieferten Tradition sind. Es gibt Verbindungen mit dem Sonnenkult, magische Zeichen wie Kreise und Dreiecke oder christliche Symbole wie Kreuz und Monstranz.

140

141

Martina Franca

Aus dem Meer der weißen Häuser mit Dachterrassen ragen drei Kirchen heraus, die die Wohnbauten architektonisch dominieren. Dies drückt sich vor allem in den Fassaden aus, eindrucksvollen gelb-rötlichen Steinwänden, kunstvoll bearbeitet und behauen, was zur Strenge des Materials im Widerspruch steht.
Von den drei Kirchen, die alle aus dem 18. Jahrhundert stammen, hat Carmine (1730) die schlichteste Fassade: eher römisch, könnte man sagen, mit dem Tympanon, das deutlich an Borromini erinnert, wie auch mit den umgekehrten Voluten des Portals, was jedoch der nüchternen Gemessenheit der zwei übereinanderstehenden Reihen von zusammengesetzten Lisenen keinen Abbruch tut. Stärker bearbeitet und mit Rokokoverzierungen versehen ist die Fassade von San Domenico, zwischen die einfachen, traditionellen Häuser gezwängt, die als Kulissen dienen für den Prunk des Fensters, das mit nervösen Kurven und Gegenkurven den oberen Teil der Fassade zerschneidet, sowie für das Portal mit der reichhaltigen Plastik des Giebels.
Das wichtigste Baudenkmal ist jedoch die letzte der drei Kirchen aus dem 18. Jahrhundert: die dem hl. Martin geweihte Kathedrale. Der Heilige verhalf der Stadt auch zu ihrem Namen (da er sie durch ein Wunder vor dem Piraten Maramaldo gerettet hatte); das Eigenschaftswort «Franca» (frei) verdankt sie dagegen Philipp I. von Anjou, Fürsten von Tarent und ihrem Gründer, der ihr die Privilegien eines Staates zugestand – Privilegien, die dauernd angegriffen, aber jedesmal zäh verteidigt und neu bestätigt wurden.
Die Kathedrale ist älteren Ursprungs; das bezeugt der massive, gekappte Glockenturm, der wahrscheinlich auf das 14. Jahrhundert zurückgeht, mit seinen Reihen von Hängebögen und Konsolen, die seine romanische Herkunft belegen. Aber die Kirche und ihre eindrucksvolle Fassade wurden um die Mitte des 18. Jahrhunderts erbaut. Was an dieser mächtigen, dem hl. Martin geweihten Fassade am meisten überrascht, ist die ungewohnte, maßlose Größe und ihre Höhe, die durch das enorme Tympanon noch gesteigert wird und von reichhaltigen, vibrierenden Verzierungen ausgefüllt ist in der mittleren Spannweite, zwischen der Leere des Portals unten und dem Bogen des großen Fensters sehr hoch oben.
Sehr viel ruhiger präsentiert sich dagegen der Palazzo Ducale (Herzogspalast; 1668) mit seiner großen, waagrechten, schlichten Fassade mit ihrer Doppelreihe von Lisenen. Eine individuelle Eigenart des kunsthistorisch eher unbedeutenden Bauwerks besteht nur im langen Balkon auf dem Gesims, mit einer endlosen Reihe von gewölbten Geländern längs der ganzen Fassade, was einer süditalienischen Tradition des 15. Jahrhunderts entspricht.
Aber die ungewohnte Lebhaftigkeit der Fassaden der Kirchen des 18. Jahrhunderts finden wir auch in andern Bauwerken der Stadt. Das ist vielleicht das Besondere an der Altstadt von Martina: Die Stadt scheint völlig neu gestaltet im 18. Jahrhundert, durch eine Reihe von zum Teil nur geringfügigen Eingriffen im Sinn eines gemessenen, eleganten Stils. Diese außerordentlich wirksamen Eingriffe verwandelten das Gesamtbild der Stadt völlig. Es sind nur wenige, aber grundlegende Elemente: weiße Kalkwände, die architektonische Struktur hervorgehoben durch den dunklen Stein, der die weißen Mauerfelder einrahmt und sie durch den Kontrast noch weißer erscheinen läßt. Schwarze schmiedeeiserne Schnörkel gesellen sich zu den Schnörkeln aus Tuffstein, und Blumenvasen stehen auf den behauenen Sandsteinsimsen.

142 Die prunkvollen Innenräume des Palazzo Ducale (Herzogspalast, heute Rathaus) aus dem 17. Jahrhundert in Martina Franca. An den Wänden phantasievolle Fresken aus der Mythologie mit lebhaften neapolitanischen Motiven, die im 18. Jahrhundert von Domenico Carella, einem ortsansässigen Künstler, ausgeführt wurden.

S. 180/181
143 Martina Franca hat sich immer durch die gute Qualität seiner Handwerksprodukte ausgezeichnet. Noch heute werden äußerst verfeinerte Arbeitstechniken angewandt. Der Laden eines Schneiders ist während einer Arbeitspause der ideale Ort für ein temperamentvolles Kartenspiel.

CASA VINICOLA

144, 145 Architektonische Details in Martina Franca. Die Stadt erlebte zur Zeit des Barock und vor allem im 18. Jahrhundert mit dem Rokoko eine Phase intensiver Bau- und Ausstattungstätigkeit. Im 17. und 18. Jahrhundert wurden die vornehmen Paläste, Kirchen und Oratorien gebaut, die Martina Franca zu einem kulturell und somit touristisch besonders interessanten Ort machen.

144

146 Das Pferd ist das Wappentier von Martina Franca, vielleicht in Erinnerung daran, daß die Umgebung der Stadt wegen ihrer großen Weiden und ihrer Zucht von Murgia-Pferden berühmt war. Hier ließ Venedig zur Zeit seiner höchsten Blüte seine Schlachtrosse züchten, die bekanntermaßen besonders schnell und widerstandsfähig waren.

S. 184/185
147 Stadtansicht von Martina Franca. Die Kirche San Domenico aus dem 18. Jahrhundert überragt die weißgetünchten Häuser.

145

146

VI Brindisi und Umgebung

Brindisi, das seit jeher sowohl die Rolle eines Landwirtschaftszentrums von einer gewissen Bedeutung als auch die einer wichtigen Hafenstadt für den Verkehr mit dem Orient innehatte, erscheint auch heute noch als eine Stadt mit zwei ganz verschiedenen und zum Teil widersprüchlichen Seelen.
Einerseits ist es eine typische Stadt des Südens, gekennzeichnet von der ökonomischen und sozialen Entwicklung und von den verschiedenen Phasen der Stadterweiterung nach süditalienischem Modell, die noch heute in der Anlage erkennbar sind – eine unterentwickelte Stadt mit Anzeichen mehr oder weniger chaotischer Versuche, diesem Zustand zu entrinnen.
Andererseits hat es durch seine Eigenschaft als Grenzstadt, Anlege- und Tauschplatz jenem Bild auch das eines dynamischen Zentrums entgegengestellt, Treffpunkt verschiedener Kulturen und Interessen, was es in einem gewissen Sinn einem permanenten Modernisierungsprozeß unterworfen hat. Von der ursprünglichen römischen Stadt längs des vom Hafen gebildeten Bogens aus breiten sich die Netze der späteren Stadterweiterungen schachbrettartig in mehreren, häufig unterbrochenen Richtungen aus.
Die verschiedenen Sektoren der Stadt stehen miteinander in Verbindung durch die Hauptachsen der zwei Corsi, die in der Piazza Vittoria zusammenstoßen und sie so zum Treffpunkt und Schauplatz des gesellschaftlichen Lebens machen.
Am Corso Umberto, der den Hafen mit dem Bahnhof verbindet, wurde an der Schwelle des 19. zum 20. Jahrhundert die moderne Stadt zwischen diesen beiden Punkten errichtet. Die beiden Straßenachsen wurden durch den Bau vornehmer Paläste verschönert, die Piazza Vittoria wurde zum Treffpunkt der Stadt und die Piazza Cairoli zum Versammlungszentrum der Tagelöhner, die hier mit den Landbesitzern verhandelten. Längs dieser Achse, die in der Uferpromenade ihre Fortsetzung findet, hat sich die Stadt des Tourismus, des Handels und der Dienstleistungen herausgebildet, die an den Hafenbetrieb und die Industrieproduktion (Petrochemie) gebunden sind.
Kaum dringt man aber in die Seitenstraßen ein, wird plötzlich die Wesensart der süditalienischen Stadt sichtbar mit ihren kleinen, zwei- oder dreistöckigen Häusern, an denen dauernd gearbeitet wird. Der Domplatz wurde durch den Bau der Kirche Madre und des Palazzo del Seminario Arcivescovile (Palast des erzbischöflichen Seminars) nach dem Erdbeben Mitte des 18. Jahrhunderts vervollständigt. Einige architektonisch interessante ältere Bauwerke wie die kostbare kleine Loggia des Palazzo Balsamo und das, was vom Portico dei Templari erhalten war (beide stammen aus dem 13. Jahrhundert), wurden mit den zwei neuen Gebäuden, von denen das Seminar zweifelsohne das bemerkenswertere ist, in den Platz integriert.
Monumentale Anlagen wie die Chiesa del Cristo aus dem 13. Jahrhundert und die sehr schöne Kirche Santa Maria del Casale, die den Übergang von der apulischen Romanik zur Gotik verkörpert, werden von den anonymen oder wenig wertvollen Nachbarbauten erdrückt. Etwas Ähnliches geschieht mit San Giovanni al Sepolcro aus dem 12. Jahrhundert, das zwar im bezaubernden alten Viertel San Pietro degli Schiavoni steht, aber auch dessen Verfall teilt.
Die heutige Stadt, die sich jenseits der Bahnlinie ausbreitet, entsteht nach den Modellen einer Stadtkultur, die noch zwischen der Bauerntradition und einer Verbesserung der Dienstleistungen hin und her schwankt. Viele der Bauernsiedlungen, an die die Stadtperipherie immer näher heranrückt, bewahren ein beachtliches Maß an Ursprünglichkeit und bleiben noch einer reichen, fest in den Methoden und Techniken der Bodennutzung verankerten Bauernkultur treu.
Die Gegend um Brindisi ist bäuerlich geprägt, weist aber in der näheren Umgebung eine Reihe

148 Vom 1933 errichteten Marine-Denkmal aus überblickt man den faszinierenden Hafen von Brindisi. Seit dem 2. Jahrhundert v. Chr. durch die Via Appia mit Rom verbunden, ist Brindisi stolz auf seinen wichtigen Hafen, eine natürliche Bucht mit verschiedenen Becken, von denen einige auf die Mündungstrichter zweier Flüsse zurückgehen.

149 Schnappschuß in den Hafenanlagen von Brindisi, wo die großen Linienschiffe und die Fähren anlegen, die Brindisi mit Griechenland, der Türkei und dem übrigen östlichen Mittelmeerraum verbinden. Der Hafen wurde in den letzten Jahren immer wichtiger, nicht nur wegen des beachtlichen Handels, sondern auch, weil sich der Tourismus in Richtung Griechenland stark entwickelt hat.

von kleinen Städten auf. Die Siedlung schart sich fast immer um die alte Burg, die den Mittelpunkt des Dorfes bildet und die Lokalgeschichte versinnbildlicht. Zur Zeit der Feudalherrschaft verstärkte sich durch eine Art hierarchischer Verbindung zwischen den ursprünglichen Siedlungen ein polyzentrisches Landwirtschaftssystem, das schon die antiken Messapier eingerichtet hatten. Diese Einteilung des Bodens wird in der Gegend zwischen Brindisi und Tarent besonders deutlich, und Ortschaften wie San Vito dei Normanni, Francavilla Fontana, Ceglie und Oria fungieren als «Hochburgen» einer Territorialeinteilung für eine rationellere Nutzung des Bodens. Weiter nördlich, gegen Bari zu, bilden Orte wie Carovigno (auf einem Hügel mit einer interessanten Burg von dreieckigem Grundriß), Ostuni und Fasano eine weniger dichte Siedlungsstruktur auf dem Grat der Murge. Obwohl diese Ortschaften aus geographischen und administrativen Gründen der Hauptstadt zugeordnet sind, sind sie noch tief verwurzelt in der alten Beziehung, die die städtischen Siedlungen an die morphologische Struktur der umliegenden Landschaft band.

149

150 Auf der dem Meer zugewandten Seite ist in Ostuni die alte Stadtmauer noch als eine scharfe Siedlungsgrenze erhalten geblieben; dadurch bleibt auch die landschaftliche Grenze betont, die durch Ostuni auf den letzten Ausläufern der Premurgia gegen die Küste mit den sanft gegen das 6 km entfernte Meer abfallenden Olivenhainen markiert wird. Obwohl die Mauer weiterhin ihrer Rolle nachkam, den ursprünglichen, Terra genannten Kern zusammenzuhalten, machte sie eine Reihe von Veränderungen durch, bis sie heute die eigentümliche Form einer bewohnten Mauer angenommen hat. Die Mauer verliert so ihre Solidität als Verteidigungsanlage und ihre Trennfunktion und wird selbst Stadt, Wohnraum. Dieses außergewöhnliche Phänomen architektonischer «Ansteckung» paßt zur komplexen Situation im Innern des Orts, mit dem dichten Netz von Gassen zwischen den weißen Häusern, bis hin zur wunderbaren Fassade der Kathedrale aus dem 15. Jahrhundert. Der kleine Platz davor ist ein Beispiel für die Kunst, eine Stadt mit aufregenden und ungewohnten Verhältnissen und dennoch mit ausgewogenen Proportionen zu bauen. Mit dem gleichen, ausgewogenen Verhältnis zwischen Innen und Außen sind in der Umgebung die Zäune der Bauernhöfe angelegt. Die barocken Landsitze behaupten sich mit einem Anspruch von Zivilisation in einer Natur, die sich nicht immer leicht in Kultur umwandeln läßt (vgl. Nrn. 151/152).

150

151, 152 Einige Bauernhöfe in der Umgebung von Brindisi haben die typischen Merkmale einer ländlichen Architektur, wie sie sonst in Apulien anzutreffen ist, verloren und das Aussehen eigentlicher Paläste angenommen, oft mit spanischen Stilelementen und mit Barockverzierungen bereichert.

151

152

153 Vom Küstenstreifen gegen das Landesinnere zu verändert sich das Landschaftsbild um Brindisi zusehends. Die rauhe, von einer dichten Grundstück-Unterteilung gekennzeichnete Struktur geht in eine weitmaschige Einteilung des Landes über, mit extensivem Anbau und grünen Baumgruppen. Innerhalb dieser sanften Agrarlandschaft verteilt sich das Siedlungssystem der kleinen Stadtkerne gemäß einem dreieckigen Muster messapischen Ursprungs, in dessen Zentrum Oria liegt, zwischen Brindisi und Tarent. Seine Bedeutung in alten Zeiten rührte daher, daß es die Hauptstadt der Messapia und geometrischer Schnittpunkt der ursprünglichen Siedlungsstruktur war. Oria bewahrt heute noch eine Art von Primat gegenüber den andern Landstädtchen in der Nachbarschaft, nicht zuletzt dank seinem besonders kompakten und guterhaltenen

153

154

Stadtkern. Die mittelalterliche Stadt ist eine imponierende städtebauliche Struktur mit einem verschlungenen Straßennetz, das den Unebenheiten des Geländes folgt und bis zum höchsten Punkt in die hohen Mauern der Burg Friedrichs II. vordringt. Diese große Anlage bildet den eigentlichen Abschluß der Stadt und ist nicht nur innerhalb der Stadt ein Orientierungspunkt, sondern vor allem in der Umgebung, für die sie das Maß aller Dinge, aber auch eine Herausforderung darstellt.

154 Auf dem Platz der Kathedrale von Oria steht die 1924 von dem apulischen Bildhauer Mario Sabatelli ausgeführte Statue Kaiser Konstantins.

155, 156 In Francavilla Fontana suchen die sogenannten Pappamusci am Karfreitag die Grabmäler im Dom auf; unsere Bilder zeigen sie beim Betreten und beim Verlassen des Gotteshauses. Es handelt sich um religiöse Laienbruderschaften ähnlich denen der Karwoche-Prozessionen in Sevilla – sie haben sich die geistlichen Orden zum Vorbild genommen, vor allem die Jesuiten zur Zeit des Barock, als sich die typisch süditalienische Frömmigkeit herausbildete.

155

S. 198/199
157 Francavilla Fontana, Wache haltende Frauen am Vorabend der Karfreitagsprozession. Der Schmerz, der hier offen gezeigt wird und sich oft durch Weinen ausdrückt, ist ein Zeichen der im 18. Jahrhundert entstandenen Sühnungsriten, die mit der spanischen Tradition zusammenhängen (vgl. vorhergehende Legende). Obwohl sich heute eine gewisse Distanz abzeichnet, haben diese Riten einen Anstrich des geistlichen Schauspiels bewahrt.

156

158

VII Tarent und Umgebung

Die Gemeinde Tarent nimmt eine Fläche von ungefähr 31 000 ha ein und hat eine 173 km lange Küste gegen das Ionische Meer. Die Stadt liegt auf einem schmalen Landstreifen zwischen dem Mar Grande und dem Mar Piccolo («Großes Meer» und «Kleines Meer») und wurde schon sehr früh gegründet. Sowohl in der Stadt als auch in ihrer Umgebung finden wir greifbare Zeichen ihrer jahrtausendealten Geschichte, deutliche Spuren verschiedenster Völker. Die Geschichte Tarents ist nicht heroisch; es überwiegt vielmehr der Eindruck eines oft schläfrigen Alltags, der jedoch etwas Einmaliges an sich hat.

Da die Stadt auf der Grenzlinie zwischen Orient und Okzident liegt, bildete sich eine Gemeinschaft heraus, die geprägt ist von der demographischen und kulturellen Überlagerung unterschiedlichster Völkerschaften, die oft durch Kriege herbeigerufen wurden und sich dann hier niederließen. Man denke nur daran, daß Juden, Griechen, Albaner, Türken, Araber, Armenier, Spanier, Franzosen, Staufer und Österreicher hier durchzogen, sich ansiedelten, kamen und wieder abzogen, und man wird verstehen, wie komplex die Geschichte einer Gemeinschaft sein kann, die in den verschiedenen Epochen fähig war, immer neue Synthesen der verschiedenen Kulturen zu entwickeln. Man denke z.B. an die Stadt im Mittelalter, an die Dynamik, die dem Zusammentreffen der byzantinischen und der römischen Kultur innewohnt; wie sich die Stadt herausbildete und entwickelte im städtebaulichen Entwurf, in den Plätzen, Häusern, Palästen, Läden, Klöstern, Kirchen, Gärten, Höfen und Bauernhäusern der Umgebung. Die Überreste einer glänzenden Vergangenheit sind im Nationalmuseum zu finden, wo die Zeugnisse des Handwerks und der Kunst der Magna Graecia aufbewahrt werden; aber auch in der Altstadt, einst Sitz der Akropolis, dann mittelalterliche Metropole und schließlich Renaissance- und Barockstadt.

Die Stadt, die Ende des 19. Jahrhunderts an der Stelle der antiken Polis in der damals üblichen französischen Stadtplanung entstand, drückt die moderne existentielle Verunsicherung der Bevölkerung an der Schwelle zum 20. Jahrhundert aus. Jenseits der Grenzen der historischen Stadt lebt die moderne Stadt von neuen Industrien und traditionellen Berufen wie Fischfang und Muschelzucht, während in der Umgebung Landwirtschaft und Tourismus blühen.

Aber trotz dieses modernen Einflusses und der Dynamik des heutigen Lebens schlummert im Tarentiner ein eigener, antiker Charakter, der aus der Verschmelzung der arabischen, spanischen, griechisch-römischen und byzantinischen Kultur hervorgegangen ist, also eine Synthese all dessen, was man als mediterrane Zivilisation bezeichnet. Das zeigt sich im Kontrast zwischen dem verschlungenen Labyrinth der engen Gassen der Altstadt einerseits, wie in Bari Erbe der arabischen Besetzung im 9. Jahrhundert, und den weiten, vielfarbigen und hellen Innenräumen der Barockpaläste der Aristokratie und der Bourgeoisie andererseits.

Um die Stadt breitet sich die Landschaft mit den weißen, aus Kalkstein errichteten Bauernhäusern aus. Zwischen den versteckten, grün bewachsenen Klüften öffnen sich die eindrucksvollen Grotten von Einsiedlerheiligen und eines sehr aktiven Volkes, das in der unvergleichlichen Felsenzivilisation seine Frömmigkeit und Kultur durch Fresken und in den Fels gehauene Kirchen zum Ausdruck brachte.

Die Geschichte der sozioökonomischen Entwicklung Tarents in den letzten hundert Jahren beginnt mit der ersten, eigentlichen industriellen Einrichtung der Stadt: dem Arsenale Militare di Stato (Marinearsenal), wofür Arbeitskräfte aus dem Binnenland geholt werden sowie Techniker und Direktoren aus dem besser entwickelten Norditalien. Einerseits brachte dies eine allgemeine Verbesserung der Lebensbedingungen der Lokalbevölkerung mit sich, andererseits zerstörte es weite Gebiete der damaligen Vorstadt hoffnungslos. Anfang des

158 Tarent mit seinen historischen und zeitgenössischen Gebäuden. Die auf einer Insel gelegene Altstadt in der Mitte ist auf der einen Seite durch eine Steinbrücke mit dem Festland verbunden, während die berühmte Drehbrücke sie mit dem im Lauf des 19. Jahrhunderts entstandenen Viertel verbindet. Die verschiedenen geschichtlichen Phasen, die Zeit der Magna Graecia, der Römer, Normannen, Staufer und Spanier, haben sichtbare Spuren hinterlassen in dieser Stadt, die «Perle des Ionischen Meeres» genannt wird. Altes und Modernes kennzeichnen ihre Physiognomie.

159 Der einzigartige runde Platz an der Meerpromenade von Tarent. Von hier aus kann man den Golf und die Gruppe reizender kleiner Inseln vor der Stadt überblicken, die das Mar Grande vom Golf von Tarent abschließt.

20. Jahrhunderts traten die Cantieri Navali Franco Tosi (Schiffswerften; heute Finsider) in Funktion. Ende der fünfziger Jahre begann infolge der Krise der Nachkriegszeit eine starke Abwanderung in die Industriezonen Norditaliens. Die sozialen Spannungen, die in der Folge aus Mangel an Arbeitsplätzen entstanden, mußten durch einen staatlichen finanziellen Eingriff provisorisch gedämpft werden, da weder private lokale Finanzen noch Produktionsstätten vorhanden waren. In den siebziger Jahren beschließt die Italsider, ihre Werkanlagen zu verdoppeln und zu verbessern; die Erweiterung ist hauptsächlich auf Automatisierung und Rationalisierung der Arbeitskräfte gegründet, was die Produktion konkurrenzfähiger macht.

Nach der letzten Volkszählung (1981) beträgt die Bevölkerung von Tarent 43% der Bevölkerung der ganzen Provinz. Die in der Provinzhauptstadt konzentrierte Industrie beschäftigt 91% der Berufstätigen. In der Landwirtschaft sind 22,5% beschäftigt, aber die landwirtschaftliche Produktion beträgt nur 10,7% der ganzen Provinz, obwohl viel Landwirtschaftsboden zur Verfügung steht.

Im Laufe der letzten Jahre sah man die Notwendigkeit ein, die Dimension der Stadt auf ein menschliches Maß zurückzuführen. In diesem Sinn wurden in der Altstadt von Tarent Renovationsarbeiten vorgenommen. Durch die Aufwertung der Altstadt versuchen die Tarentiner zu beweisen, daß es möglich ist, voll im Industriezeitalter zu leben, ohne deswegen auf die eigene Identität zu verzichten.

159

160, 161 Die in den dreißiger Jahren des 20. Jahrhunderts erbauten monumentalen Gebäude stehen an der Strandpromenade des Mar Grande. Sie gehören zu den Verschönerungswerken, die gleichzeitig mit der Erweiterung der Hafenanlagen ausgeführt wurden, um die Verbundenheit der Stadt mit dem Meer hervorzuheben.

160

161

162–164 Tradition, Feier und Religion sind in den Osterprozessionen in Tarent verschmolzen. Die Symbole der Kreuzigung, auf volkstümliche Art gesehen, und die Statuen, die die Mysterien der Passion darstellen, werden in einer Prozession von den «Perdune», den Vermummten, durch die Stadt getragen. Ihr rhythmisches, sehr langsames, schweigendes Dahinschreiten verleiht dem eindrucksvollen Ritus eine besondere Atmosphäre.

162

163

164

165 Regelrechte Treffpunkte sind die typisch süditalienischen Friseursalons; oft glaubt man, sich in einem Zirkel zu befinden, wo unter der Regie des Haarkünstlers über alle möglichen Themen diskutiert wird und Meinungen ausgetauscht werden.

165

166, 167 Tarent, zu Recht berühmt wegen seines Hafens, des Mar Piccolo, hat aus dem Fischfang und der Muschelzucht eine eigentliche Industrie gemacht. Die Fischer und die auf den Balkonen der Altstadt zum Trocknen ausgehängten Netze rufen diese typische Meeratmosphäre in Erinnerung.

166

167

168, 169 *In der aus dem 18. Jahrhundert stammenden Kapelle San Cataldo im Dom von Tarent feiert ein schöner Barock in deutlich neapolitanischem Stil seinen Triumph. Die Kapelle ist mit einer dichten Dekoration wunderlicher, überwiegend marmorner Einlegearbeiten ausgestattet. Zum größten Teil wurden dazu die Überreste der Fürstengräber von Tarent sowie Grabplatten und Halbedelsteine aus dem Fußboden und aus anderen Teilen der Kirche verwendet.*

168

169

170, 171 Der traditionelle Bummel auf den Straßen des im Lauf des 19. Jahrhunderts durch die Erweiterung der Altstadt entstandenen Viertels.

170

171

Tarent als Kolonie Spartas: das Nationalmuseum

172 Detail einer Lekythos, einer rituellen Vase, die als Gefäß für wohlriechendes Öl benutzt wurde, aus dem Nationalmuseum von Tarent. Seit Mitte des 5. Jahrhunderts v. Chr. werden die attischen Lekythoi auf weißen Grund gemalt. Dieses herrliche Exemplar stellt den die Sphinx befragenden Ödipus dar.

Wenn man vom neuen Viadukt Punta Penna aus über die Neubauten schaut, kann man noch die Halbinsel erkennen, auf der sich das griechische Taras ausbreitete, die Stadt des Mittelalters und später die moderne Stadt – ein großes Dreieck, das mit einer höhergelegenen Felszunge im Meer endet und von einem Isthmus abgeschlossen wurde, da, wo heute der Schiffskanal (Canale Navigabile) ist, den Ferdinand I. von Aragonien 1480 eröffnete und der im letzten Jahrhundert vertieft und mit der Drehbrücke (1887) versehen wurde.

Auf diesem äußersten Vorgebirge, das dann die Insel wurde, auf der heute die Altstadt liegt, landeten gemäß Antiochos (5. Jahrhundert v. Chr.), den der griechische Geograph Strabo (zur Zeit des Augustus) zitiert, 706 v. Chr. Spartaner aus Phalanthos. Ein Orakelspruch des Apoll von Delphi hatte den Spartanern aufgetragen, Satyrion und die fruchtbare Gegend von Taras zu kolonisieren. Sie wurden dort von den Japygern, der Urbevölkerung, sowie von den Kretern, die das Land bereits besetzt hatten, empfangen. Die literarischen Quellen werden duch die archäologische Forschung immer mehr bestätigt: Satyrion (heute Saturo, ungefähr 15 km südöstlich von Tarent) war die erste Anlegestelle der Spartaner; Kämpfe fanden statt zwischen den Tarentinern und der Urbevölkerung, den Japygern, Messapiern und Lukanern; es gab offenbar noch andere Völker: jene Kreter nämlich, die uns die intensiven Verbindungen zwischen Apulien und der Ägäis in mykenischer Zeit, vom 16. bis zum 11. Jahrhundert v. Chr., in Erinnerung rufen. Zur Bronzezeit befand sich eine frühstädtische Siedlung der Urbevölkerung und der Mykener auf einem kleinen Vorgebirge (Scoglio del Tonno) direkt vor der Mündung des Mar Piccolo, die 1899 gesprengt wurde, um Platz für den Handelshafen und den Bahnhof zu schaffen. Andere Dörfer der Japyger lagen weiter östlich, ebenfalls auf dem Vorgebirge, auf dem später die Kolonie der Spartaner entstand – jenem Vorgebirge, das sich in eine Akropolis verwandelte (wörtlich übersetzt: «Hochstadt» – Festung und Tempelbezirk in einem), als Mitte des 5. Jahrhunderts v. Chr. die Siedlung sich gegen Osten über den Isthmus hinaus auszubreiten begann, vielleicht schon nach dem gleichen, rechtwinkligen Grundriß, den wir in römischer Zeit vorfinden. Die neuen Wohnviertel entstanden damals über der alten Nekropole, während die neue Nekropole noch weiter nach Osten rückte. So bildete sich eine für eine griechische Stadt äußerst seltene Mischung von Gräbern und Häusern innerhalb ein und desselben Mauerrings.

Vom griechischen Taras sind uns wenige Denkmäler erhalten: zwei dorische Säulen eines Tempels aus dem Anfang des 4. Jahrhunderts v. Chr. auf der Akropolis gegenüber dem Schiffskanal sowie an der äußersten Ostperipherie der unteren Stadt einige Überreste der doppelwandigen Mauern, vor denen ein Graben verlief; außerdem in Höfen und Kellern neuer Häuser verstreut die wenigen Kammergräber, die man von den Tausenden, die man im letzten Jahrhundert entdeckt hatte, retten konnte. Alles andere wird im Nationalmuseum aufbewahrt, das in einem gewissen Sinn ein großes offenes Buch über die griechische und römische Kultur Tarents ist. Leider wurde es 1963 nach Kriterien geordnet, die heute nicht mehr zugrunde gelegt werden, nämlich nach ästhetischen statt historischen. Die vollständigste Dokumentation liefert uns die Keramik von den letzten Jahrzehnten des 5. bis zum Anfang des 3. Jahrhunderts v. Chr. (rotfigurige und übermalte Vasen), in archaischer Zeit von den verschiedensten Orten Griechenlands und der Ägäis importiert (aber es gibt auch einige etruskische Buccherovasen). Auf die wenigen frühkorinthischen Vasen aus den Gründungsjahren der Kolonie folgen in größerer Zahl jüngere Produktionen Korinths, oft mit Exemplaren griechisch-orientalischer Herkunft. Äußerst interessant sind die lakonischen (d.h. die in Sparta hergestellten) Vasen und die große Sammlung attischer, schwarzfiguriger Vasen.

173 Die gefalteten Hände dieses mit goldenen Armreifen geschmückten Nußknackers aus Bronze sind vielleicht der Beweis für einen mit dem orientalischen Kult zusammenhängenden magischen Glauben.

174 Akroterion aus Terrakotta, das eine geflügelte Siegesgöttin darstellt; zusammen mit einem ähnlichen Exemplar zierte es ein tarentinisches Grabtempelchen von Ende des 6. Jahrhunderts v. Chr. Die im Nationalmuseum ausgestellten Fundgegenstände sind zwar oft außergewöhnlich, stellen aber nur einen kleinen Teil der großen Menge von verarbeitetem Silber, Silbermünzen, der 83 000 Pfund Gold, der Statuen und Gemälde dar, die nach Livius die Beute des Quintus Fabius Maximus bildete bei der Eroberung Tarents durch die Römer im Jahre 209 v. Chr.

172

173

174

175

Die Italsider und die Industrialisierung Tarents

Es ist nicht leicht, Tarent von der Schönheit seines Hafens und seines Meeres losgelöst zu betrachten; aber ebenso schwierig ist es, an diese Stadt am Ionischen Meer zu denken, ohne sich ihre Industrie zu vergegenwärtigen. Seit den letzten Jahrzehnten des 19. Jahrhunderts gab das Arsenale militare (Marinearsenal) der Beschäftigungslage und in der Folge dem Bevölkerungswachstum der Stadt beträchtlichen Auftrieb. Ende der sechziger Jahre trat in Tarent das 4. Centro Siderurgico (Eisenindustriezentrum) der Italsider in Funktion. Von allem Anfang an wurde das begrüßt als ein Zeichen dafür, daß sich im Entwicklungsstand die Distanz zwischen Süditalien und den anderen Industriezonen Italiens verringerte. Seit den ersten Jahren seines Bestehens beeinflußte das Centro Siderurgico von Tarent die Umgebung und das ökonomische Gleichgewicht. Die damit zusammenhängende starke Arbeiterkonzentration (ungefähr 20 000 Arbeitnehmer) mußte Auswirkungen haben auf das Gebiet von Tarent. Die Werkanlagen breiten sich über 1200 ha aus und gehören zu den wichtigsten auf dem Gebiet der Produktion von Stahl, Eisen und anderen Erzeugnissen wie z.B. große Röhren für Erdöl-Pipelines. Anschließend an die Industriezonen entstanden neue Viertel und Zonen, was das Gleichgewicht der Gegend störte. Diese Industrieanlage, die zweifellos ein gelungenes Experiment in der Politik der Industrialisierung Süditaliens darstellt, hat sich heute durch die Modernisierung und Vergrößerung im Juni 1986 definitiv konsolidiert.

175 Wenn man durch das Areal der Italsider geht, ist man oft erstaunt, in unmittelbarer Nachbarschaft von Industrieanlagen alte Bauernhäuser oder vornehme Landsitze anzutreffen; das Nebeneinander von Infrastrukturen der Industrie und Zeichen der Vergangenheit ist ein Bild, an das man sich erst gewöhnen muß.

176–178 Krane, Fabrikschornsteine, Halden und Förderbänder stellen eine neue Wirklichkeit dar, in der die Technologie Landschaft geworden ist.

176

S. 220/221
179 Die komplexe Silhouette einer Raffinerie in Tarent. Nach Angaben aus dem Jahre 1981 arbeiten in der Industrie 91% der Berufstätigen; diese Zahl belegt die Bedeutung und den hohen Entwicklungsgrad der modernen Technologie in Tarent.

177

178

Die Felszivilisation in der Terra Ionica

Da wir gewohnt sind, die Stadt als den natürlichen Ort sozialen Lebens zu betrachten, bereitet es uns einige Schwierigkeiten, uns vorzustellen, daß auch in Klüften und Schluchten, d.h. in jenen mehr oder weniger tiefen Spalten, die die ionische Landschaft charakterisieren, eigentliche Felsendörfer entstanden sind. Wenn man sich diese Canyons ansieht, sowohl die auf dem Land verstreuten wie z.B. die bei Grottaglie, Mottola und Castellaneta als auch die der heutigen Siedlungen wie Massafra, Crispiano, Laterza und Ginosa, hat man den klaren Beweis dafür, daß es sich um eine bewußte, geplante Siedlungsstruktur nach städtischem Muster handelt. Stufen, in den Fels gehauene, schwer begehbare Wege, Durchschlüpfe, Balken als Ziehbrücken und Strick- und Holzleitern bildeten im Innern der Klüfte Verbindungen zwischen den verschiedenen Ebenen und den Eingängen zu den Grotten.
Das Felsendorf Madonna della Scala bei Massafra oder das weniger auffällige, aber nicht weniger interessante bei Casalrotto am Abhang bei Mottola besteht aus in Reihen angelegten Wohneinheiten mit Gärten davor, wo Brunnen und größtenteils geschlossene Kanalisation den Höhenkurven entlang verlaufen, die in konzentrischen Linien miteinander in Verbindung standen, genauso angelegt wic irgendein mittelalterliches Dorf am Abhang eines Hügels.
Im Hochmittelalter erlebten diese Siedlungen ihre höchste Blüte – nicht nur, was das Kunsthandwerk betrifft, sondern auch in der Organisation des öffentlichen Lebens. Die Homogenität dieses Phänomens, das im ganzen ionischen Gebiet anzutreffen ist und die gleichen Merkmale aufweist in den Tuffdörfern von Matera wie in denen von Massafra, in Grottaglie wie in Ginosa, in Crispiano wie in Laterza, stempelt es als eine eigene Art der Zivilisation.
In diese Umwelt fügte sich das italienisch-griechische Mönchstum ein. Die Mönche sind nicht etwa das vorherrschende, alles umfassende Element dieser Zivilisation des Lebens in Grotten, sondern nur einer der vielen Faktoren, die zur Herausbildung dieser Zivilisation beitrugen. Aus einigen Grotten der Felsensiedlung Madonna della Scala nördlich der heutigen Ortschaft Massafra stammen zahlreiche archäologische Funde, aus denen geschlossen werden kann, daß dort seit dem Neolithikum Menschen lebten. Die ältesten Funde wurden in Grotten zuunterst in der Kluft gemacht. Diese Grotten wurden tief in den Tuffsandboden des Pliozäns gegraben und sind ein charakteristisches Merkmal sowohl der Landschaft als auch der menschlichen Siedlungen in diesem Gebiet. Aber die gleichen Grotten waren auch zu späteren Zeiten bewohnt, und anschließend an diese wurden andere gegraben, die in Form und Verlauf auf der Sandschicht die früheren nachahmten. Die Kluft Madonna della Scala war lange bewohnt, auch dann noch, als dic Stadt Tarent zur Zeit der Magna Graecia und des Römischen Reiches die Bevölkerung in der Ebene um den natürlichen Hafen konzentrierte. Die Krise des römischen Kaiserreichs mit der Rückkehr zu einer geschlossenen Landwirtschafts- und Hirtenökonomie trug zum Wiederaufblühen dieser Felsensiedlung und ihrer Wiederbevölkerung bei. Das Mönchstum, das dem byzantinisch-orthodoxen Ritus angehört, fügt sich in dieses Dorf ein und fungiert als Träger des kulturellen Lebens, wie aus den reichhaltigen, stilistisch einheitlichen und datierbaren Zeugnissen der Felsenkirchen hervorgeht. So scheint in der Kluft Madonna della Scala in den Behausungen der südöstlichen Stufe eine Mönchsgemeinschaft gelebt zu haben, die hierarchisch in fünf Klassen gegliedert war und einerseits mit den Felsenkirchen Madonna della Buona Nuova und Madonna della Scala und andererseits mit der Grotta del Ciclope – wahrscheinlich seit frühesten Zeiten bewohnter natürlicher Versammlungs- und Marktort – in Verbindung stand. Die Stufe gegenüber dagegen beherbergte deutlich eine bürgerlich-profane

180 Ein Ausschnitt der Fresken in der Krypta von San Leonardo in Massafra. Die Krypta ist einschiffig und weist im Innern drei große Bögen auf, die zum Presbyterium führen. Auf den Bögen Fresken von Heiligen, unter anderem dem hl. Petrus, dem hl. Stephan und dem hl. Nikolaus von Bari. In den ionischen Felsenkirchen sind Kultureinflüsse erkennbar, die sich mindestens drei grundlegenden hagiographischen Themenkreisen zuordnen lassen: Der erste ist stark mit der byzantinischen Welt verbunden, der zweite hängt mit der Tradition der Kreuzritter zusammen, und der dritte hat seine Wurzeln in der lokalen Frömmigkeit.

181 Von einer ausgedehnten Terrasse mit Panoramalage in der Kluft, die das Gebiet begrenzt, auf dem Massafra erbaut wurde, gelangt man zum Heiligtum Madonna della Scala. Wie bei vielen Felsenkrypten wurde über der ursprünglichen Kirche in der ersten Hälfte des 18. Jahrhunderts ein neues Gebäude errichtet. Die neue Kirche ist weithin sichtbar mit ihren Giebelaufsätzen auf der Fassade und den Voluten des Glockenturms.

181

Siedlung – Behausungen auf verschiedenen Höhenlagen mit Schlaf- und Abstellräumen, Kaminen, Lagerräumen und Ställen. Überall finden sich Infrastrukturen, die die orographische Beschaffenheit ausnützen, und es gibt Kanalisationsleitungen für Regenwasser, Zisternen und Wasserbehälter in den einzelnen Behausungen.
Aber die Felsensiedlung Madonna della Scala ist nicht die einzige auf dem Stadtgebiet von Massafra; es gibt mehrere in den Klüften, auf denen sich das heutige Stadtzentrum entwickelt hat. Man kann vermuten, daß um das 12. Jahrhundert, zur Zeit der höchsten Blüte der Felsensiedlungen, die Ortschaft größtenteils aus Grotten und Grottenhäusern bestand, auf der Hochebene zwischen den zwei Hauptklüften um das politisch-administrative Zentrum der Gemeinschaft geschart, das schon im 10. Jahrhundert erwähnte Castrum. Im 14. Jahrhundert setzte der allmähliche Niedergang des sozialen Zusammenlebens in diesen Klüften ein.

182 Felsenhöhlen beim Heiligtum Madonna della Scala. Neben der Kirche finden wir eine regelrechte Siedlung mit Gemälden, Ölpressen, Wohnräumen, Unterschlüpfen für die Tiere und einer Grotte, die nach der Legende die Apotheke des Zauberers Gregorio gewesen sein soll; vielleicht wurden hier Heilkräuter, die in dieser Gegend sehr verbreitet sind, verarbeitet.

182

183 Eine Stadtansicht von Laterza, einem großen Ort am Rand einer Schlucht mit vielen Felsensiedlungen. In der Mitte des Bildes die Kirche San Lorenzo mit der eigenartig geschwungenen Fassade in venezianischem Stil gemäß der Mode des 16. Jahrhunderts.

183

184 Die Kirche Cappuccini aus dem 17. Jahrhundert steht in der Nähe der Straße, die Laterza mit Ginosa verbindet. Die Verwendung des Tuffsteins, der aus Steinbrüchen der Umgebung stammt, verleiht den Bauwerken der Stadt ein einheitliches Aussehen.

185 Ein Teil des großen, öffentlichen Brunnens aus dem 16. Jahrhundert mit Tränke und Waschtrog.

184

185

Ginosa, eine Grenzstadt

186 Ginosa gehört zu jenem Gebiet der Felszivilisation, das außer Dörfern Apuliens auch solche der Basilicata (Matera) einschließt. Der Ort ist von einer tiefen Kluft umgeben; in den Wänden der Schlucht öffnen sich zahlreiche Grotten mit interessanten Felsenkirchen. Ihre reichen Verzierungen gehen auf die Byzantiner im Hochmittelalter zurück.

300 m über dem Ionischen Meer, auf den letzten Ausläufern der Kalkmurgia, die zugleich die ersten Vorboten Lukaniens sind, auf dem langen, gewellten, dicht mit Pinien bewachsenen Sandstrand einerseits und der rauhen, hufeisenförmigen Kluft völlig ohne Vegetation andererseits, die den Hügel wie eine Wunde entzweischneidet, liegen 18 km voneinander entfernt die zwei Siedlungskerne Ginosas: Marina di Ginosa und Ginosa. Landschaftlich und historisch mit Castellaneta und Laterzo eine Einheit bildend, zeugt Ginosa von einer Geschichte von Völkern und Kulturen, die es gezeichnet haben, aber auch vom hartnäckigen Widerstand einer Grenzbevölkerung. Die Messapier übernahmen von früheren Stämmen das Leben in Grotten, während die nach dem Modell des griechischen Architekten Hippodamos angelegte Stadt mit Akropolis und Agora (Marktplatz) unter dem Einfluß der höher entwickelten, griechischen Kultur der nahe gelegenen Kolonien Tarent, Eraclea und Metapont entstand. Zur Zeit der Byzantiner, Normannen, Anjou und Aragonier wird ununterbrochen die auf ziemlich weiten Gebieten verbreitete Felszivilisation beibehalten. Spezifisches Element Ginosas und der «Sassi» ist die eindrucksvolle Zahl von Grotten, die am steilen Abhang wie ein Amphitheater angeordnet sind und eine Höhlenlandschaft bilden mit Treppen und Wegen, die zu den verschiedenen, übereinander angelegten Wohnkernen führen. Die symbolisch hochgebaute und drohend über dem Abhang stehende normannische Burg zeugt von einer andern historischen Macht. Zusammen mit der weiter unten stehenden Kirche Madonna del Rosario dominiert sie das Stadtpanorama.

186

S. 230/231
187 Einer der zahlreichen Tuffsteinbrüche in der Gegend zwischen Tarent und Laterza. Man sieht deutlich die Spuren der Sägeblätter, mit denen die Blöcke herausgeschnitten wurden – Tuffstein wurde noch bis vor wenigen Jahrzehnten häufig im Bauwesen verwendet.

VIII Das Salento

Das Salento ist mehr als nur eine Unterregion Apuliens. Seine durch den Isthmus Brindisi–Tarent gegebene geographische Besonderheit, seine Bevölkerungsstruktur mit einer dichten Reihe kleiner Verwaltungszentren, der lang anhaltende griechische Einfluß in Geschichte und Politik und die vom Barock beherrschte Kunst machen diesen letzten Fortsatz der apulischen Halbinsel mit seinen über 600 000 Einwohnern fast zu einer autonomen Region.
Wenn man von Norden nach Süden durch das Salento fährt, bemerkt man sofort die Verschiedenartigkeit des Landschaftsbildes. Im Norden reihen sich auf den letzten Ausläufern der Murge mittelgroße Siedlungen mit einer Landwirtschaft, die sich hauptsächlich auf Getreide-, Wein- und Ölanbau stützt, verbunden mit den älteren Baumkulturen. Die Siedlungen, die diesseits des Isthmus die Rolle eines politisch-administrativen Zentrums gespielt haben, weisen noch deutliche Zeichen der Feudalherrschaft auf, die ihre Geschichte im Laufe der Jahrhunderte bestimmt hat: Francavilla Fontana, 1310 von Philipp von Anjou an einem wasserreichen Ort gegründet, das von der 1450 errichteten Burg und von der Kirche Collegiata beherrscht wird; Oria mit seiner mächtigen Burg, von Friedrich II. auf den Fundamenten einer älteren Burg errichtet, das von alters her wegen seiner Lage am Zugang zum Tavoliere di Lecce eine strategische Funktion innehatte; Grottaglie, dessen Geschichte eng mit dem Felsenkomplex verknüpft ist, der es umgibt, bis die Baronenburg eine bedeutende politische Funktion übernimmt, was zu Konflikten mit der Kirche führt, die gut gerüstet ist und bereit, ihre weltlichen Privilegien zu verteidigen; San Vito dei Normanni, durch von jenseits der Adria eingewanderte Slawen gegründet, später unter Feudalherrschaft gestellt und mit einer Burg versehen.
Das Übergangsgebiet zwischen den Murge Tarantine und dem Tavoliere di Lecce – genauer: die Gegend nordwestlich von Sava, dem heiteren Städtchen zwischen dicht mit Reben bewachsenen Hügeln – fällt ethnologisch und mentalitätsmäßig aus dem Rahmen. Dieser Siedlungskomplex wird als das salentinische Albanien bezeichnet. Monteiasi, Monteparano, Montemesola, Roccaforzata, San Giorgio, San Crispieri, San Marzano di San Giuseppe, Carosino und Faggiano wurden um die Mitte des 15. Jahrhunderts von einem Einwandererfluß von Albanern auf der Suche nach einer neuen Heimat wiederbelebt. Die Albaner des Salento sind fest verwurzelt in ihren Traditionen und haben trotz des Latinisierungsprozesses ihrer Liturgie nach dem Trienter Konzil ihre kulturelle Eigenart in Sprache, Sitten und Bräuchen und in den religiösen Riten beibehalten.
Die Ebene des Tavoliere di Lecce ist für den Anbau von Getreide, Wein, Öl und Tabak gut geeignet. Es bestehen enge Verbindungen zwischen Siedlungen und Land. San Pancrazio, Torre Santa Susanna, Erchie, San Donaci und Guagnano liegen alle ungefähr 10 km voneinander entfernt. Eine Ausnahme in bezug auf die Bevölkerungsdichte und die Ausdehnung des Gemeindegebiets bilden zwei Städte, eine am Nordrand des Tavoliere, Mesagne, die andere am Südrand, Manduria, beide mit reichhaltigen und gut verwurzelten kulturellen und bürgerlichen Traditionen.
Mesagne mit seinem von Mauern umgebenen alten Kern und seiner in der ursprünglichen Bausubstanz auf das 11. Jahrhundert zurückgehenden Burg besitzt in der Pfarrkirche und in den Sakralbauten bedeutende Beispiele des Barock. Manduria mit seinen antiken messapischen Mauern, dem Fonte Pliniano (Plinius-Brunnen), den vornehmen Palästen des 18. Jahrhunderts (Imperiali, Gigli, Dragonetti, Giannuzzi, Gatti), seinem Dom unter katalanischem Einfluß und mit Stilelementen aus der Renaissance und mit seiner auf Handel mit Getreide, Öl, Wein und Tabak gegründeten Ökonomie nimmt einen wichtigen Platz ein in der Provinz Tarent.
Wenn man vom nördlichen Salento gegen die

188 Das Salento, der exponierteste Teil Apuliens, bietet ganz besondere Bilder. Eine sanft gewellte, wasserarme Landschaft mit häufig nackt aus dem Boden ragenden Felsen läßt diese Gegend besonders eindrucksvoll erscheinen. Hier findet man die typischen Trockenmäuerchen und rötlich gefärbte Erde, reichbebaute Flächen und Zonen mit kärglicher Vegetation und schließlich das sanft gegen das Meer abfallende Gelände an einer Küste mit vielen Buchten, Grotten und Schluchten.

189 Landhäuschen im Salento mit einer schönen Pergola – ein häufiger Anblick in einer Gegend, die gekennzeichnet ist von den sanften Farben der Vegetation. Fast schüchtern zu nennen sind die baulichen Akzente, die der Mensch in diese Landschaft gesetzt hat und die von seinem ständigen Zwiegespräch mit der Natur zeugen.

mittlere Zone der Halbinsel vorstößt, bemerkt man, wie die Siedlungen und das Straßensystem in direkter Beziehung zu Lecce stehen, der Hauptstadt der alten Terra d'Otranto, wo sich die ganze Verwaltung, das Gerichtswesen und die Politik konzentrierten und heute noch konzentrieren. Man hat den Eindruck einer Großstadt, die von zwei konzentrischen Kreisen umgeben ist: Der erste Kreis wird von den anschließenden Gemeinden Merine, Cavallino, San Cesario di Lecce, Lequile, San Pietro in Lama, Monteroni di Lecce, Arnesano, Novoli und Surbo gebildet, die ungefähr 6 km von Lecce entfernt sind; der zweite von den Gemeinden Acaia, Vanze, Acquarica di Lecce, Vernole, Castri, Caprarica, Galugnano, Campi Salentina und Squinzano, im Durchschnitt ungefähr 15 km von der Provinzhauptstadt entfernt. Der Reiz von Lecce findet nicht seinesgleichen unter den apulischen Städten. Überreste der antiken messapischen Siedlung sind deutlich zu erkennen: Vom Amphitheater zum römischen Theater, vom Kloster Santi Nicolò e Cataldo zum Palast der Conti di Lecce – Zeugnisse der normannischen Heldentaten –, von den Befestigungsmauern zur Burg Karls V., von den Barockkirchen zu den zahlreichen Klöstern hat Lecce immer das Bild einer gebildeten, aristokratischen Stadt geboten, offen gegen Europa, wenn sie nicht gerade aus ihrer salentinischen Eigenart ein narzißtisches und autarkes Element gemacht hatte. Außerhalb dieser zwei konzentrischen Kreise um Lecce herum liegen weitere Siedlungen mit einer größeren Unabhängigkeit von der Hauptstadt. Auch hier fehlen nicht Mahnmale an die Feudalherrschaft, wie der 1220 von Friedrich II. in Leverano errichtete große, quadratische Turm oder mächtige Burgen wie die von Copertino, ganz zu schweigen vom schmucken Städtchen Acaia, gleichzeitig Festung und ideale Stadt. In der Küstenlandschaft stehen Bauernhöfe, die zum Teil befestigt und mit dem Nötigsten (Kirche, Schafstall, Silos) für Mensch und Tier ausgestattet sind.

Die Hauptrolle spielt in diesem Gebiet Nardò, dessen Gemeindegebiet, das größte nach Lecce, 22515 ha umfaßt. «Klosterstadt» wurde diese fleißige Stadt des Salento genannt, nicht etwa aus Vernachlässigung ihres antik-messapischen Ursprungs, sondern um an den glanzvollsten geschichtlichen Moment zu erinnern, nämlich an die Gründung des Klosters Santa Maria, um das herum die Stadt sich entwickelte, der Bischofssitz sich herausbildete, die zwei Seelen ihrer Kultur, die westliche und die östliche, die lateinische und die byzantinische miteinander konfrontiert wurden und ihre kirchliche Organisation sich stärkte mit den barocken Kirchen und den zahlreichen Klöstern, allen voran Santa Chiara. Strukturelle Übereinstimmung mit Nardò weist das ungefähr 15 km entfernte Galatone auf, nicht nur wegen der kulturellen Beziehungen zur byzantinischen Welt, sondern auch wegen seiner Geschichte und Kunstgeschichte und wegen der Ökonomie. Vom Namen der Stadt leitet sich der Beiname des berühmtesten und am meisten gefeierten Vertreters des salentinischen Humanismus, Antonio de Ferraris, ab: Galateo (italienischer «Knigge» genannt), der in der 2. Hälfte des 15. Jahrhunderts gelebt hat. In Galatina sind die im 15. Jahrhundert von den Del Balzo Orsini gegründete, wertvoll ausgemalte Kirche Santa Caterina und die alte, reichhaltige, der Kirche angeschlossene Klosterbibliothek sehenswert.
Ein Symbol für die Fortdauer des byzantinischen Einflusses nach dem Ende der entsprechenden politischen Periode durch viele Jahrhunderte hindurch ist die griechische Sprachinsel, die folgende Ortschaften umfaßt: Soleto, Calimera, Martignano, Sternatia, Zollino, Martano, Corigliano d'Otranto, Castrignano dei Greci, Sogliano Cavour, Melpignano, Cannole, Cutrofiano, Aradeo, Cursi, Bagnolo del Salento und Noha. Dialekt, religiöse Riten, Sitten und Bräuche gehen auf jene mittelalterlich-byzantinische Epoche zurück; einige Forscher meinen gar, die Wurzeln dieser griechischen

189

190 Eine Trockenmauer, die den Zauber der jahrhundertealten salentinischen Landschaft wie in einem Brennspiegel zusammenzufassen scheint.

Sprachinsel seien in der antiken Magna Graecia zu suchen.
Im Gebiet der Serre setzt sich im südlichen Salento das dichte Siedlungsnetz fort mit Orten wie Sannicola, Tuglie, Parabita, Matino und Melessano. Von Casarano über Morciano di Leuca, Patù – wegen seiner charakteristischen Kirche «Cento pietre» (hundert Steine) genannt – und Castrignano gelangt man zum Capo di Santa Maria di Leuca, das nicht zufällig den Beinamen «de finibus terrae» trägt, ein Ort, der schon von den Messapiern bewohnt war, wo man noch heute in der archäologischen Zone Veretum Zeugnisse der römischen Epoche findet. Von Otranto bis zum Kap zerschneidet eine Reihe von Siedlungen die Küste, Ausgangspunkte für die Verbindungen ins Landesinnere. Auch hier hinterließen die Byzantiner Spuren, von den Felsenkirchen bis zu San Pietro d'Otranto, wo der Lageplan, die architektonischen Strukturen und die Fresken der Gewölbe auf ähnliche Beispiele im kleinasiatischen (heute türkischen) Kappadokien hinweisen. Aber weit über die Zeit der zweiten byzantinischen Kolonisation hinaus weist der Mosaikfußboden der Kathedrale von Otranto, der auf die zweite Hälfte des 12. Jahrhunderts zurückgeht, emblematisch auf das Zusammentreffen der römisch-katholischen, griechisch-orthodoxen und islamischen Kultur hin.

190

Der Barock von Lecce

Der Barock von Lecce ist von großer (und leichtbeschwingter) architektonischer und ornamentaler Wirkung, doch sind seine historischen Motivationen nur scheinbar einfach. Man kann sagen, daß er ein typisches Phänomen Süditaliens und des Mittelmeerraums ist, das sich im Salento mit spezifischen Eigenschaften entwickelt, was mit der besonderen kulturellen Situation zusammenhängt; der bauliche und religiöse Impuls geht auf den neapolitanischen Bischof Pappacoda zurück, nachdem die Volksaufstände vom Sommer 1647 niedergeschlagen worden waren. Die Bautätigkeit in Lecce und im Salento, die uns Heutige so magisch in ihren Bann zieht, wirkt wie eine Bestätigung des damaligen sozialen Friedens im Zeichen einer fast fanatischen Religiosität, die schnell bereit ist, alte Probleme der Armut und Not im wahrsten Sinne des Wortes zu übertünchen.
Eine Vorwegnahme dieser architektonischen Blüte ist das Obergeschoß der Fassade von Santa Croce in Lecce (1646, also ein Jahr vor den Volksaufständen). Ihr Prunk und ihr reiches Dekor spiegeln in ihrer Vitalität den Überfluß der apulischen Felder – gleichsam die sichtbar gewordene Gnade Gottes, dessen Hand diesen Überfluß spendet. Dieser obere Teil der Fassade ist das Werk des Bildhauers Cesare Penna und des Architekten Giuseppe Zimbalo, Zingarello («Zigeunerchen») genannt, dem wir die wichtigsten Zeugnisse des Barock von Lecce verdanken. In dieser Fassade wird aber auch die geistige Eigenständigkeit deutlich, welche die Produktion der folgenden zwei Jahrhunderte auszeichnen wird: Es handelt sich um eine Barockproduktion allgemeiner Bedeutung, in dem Sinne, daß man wenig vom Raumgefühl und den komplexen Strukturen Berninis und Borrominis oder des piemontesischen oder böhmischen Barock in den Gebäuden des 17. Jahrhunderts in Lecce und im Salento wiederfindet.
Die äußeren Einflüsse sind die gleichen wie die, die auf Sizilien und Spanien einwirken: die Abhandlungen des frühen 16. Jahrhunderts (besonders Cesariano) und die in Italien zirkulierenden Techniken und Stilelemente aus der Nachrenaissancezeit, von den lombardisch-venezianischen bis zu den unter katalanisch-aragonesischer Einwirkung stehenden kampanisch-süditalienischen Dekorationsmustern. Dieses Netz von Beeinflussungen, das sich auf eine ununterbrochene Tradition aus dem Mittelalter stützt, bildet in den Werken von Giangiacomo dell'Acaja (Burg von Lecce), Francesco Antonio Zimbalo (Portale und Altar von Santa Croce), Gabriele Riccardi (untere Fassade von Santa Croce) und Giovanni Maria Tarantino (San Domenico von Nardò) die frühbarocke Basis für den eigentlichen Barock von Giuseppe Zimbalo und Giuseppe Cino – nicht ohne die autoritäre, orthodox klassizistische Einwirkung des jesuitischen Stils, in Lecce in der Kirche Gesù (1576) und Sant' Irene (1590) erkennbar.
Am Dom von Lecce sowie an den Kirchen Sant'Angelo und Rosario nehmen Putten, Voluten, Löwenköpfe, Blumensträuße, Laubwerk, Blumenkronen, Trauben, Rosetten, Lanzenspitzen und Flammenzungen einen genau festgelegten Platz ein auf der ziemlich einfachen und phantasielosen Architektur. Ende des 17. und Anfang des 18. Jahrhunderts überlagert sich in Lecce die Produktion des Zimbalo mit der des Guiseppe Cino, und zwar im oberen Teil der Fassade des Klosters Celestini (begonnen von Giuseppe Zimbalo), an der Kirche Santa Chiara am Priesterseminar am Domplatz und an der späten Kirche Carmine (Grundsteinlegung 1711). Später – im 18. Jahrhundert – behaupten sich neue, gebildetere und reifere Persönlichkeiten wie Mauro Manieri von Nardò (Kathedrale von Tarent und Seminar von Brindisi) und sein Sohn Emanuele (Eingang zum Domplatz von Lecce, Paulinerinnenkloster) mit einem kontrollierteren Stil, bereichert vom bedeutenden Beitrag des Ferdinando Sanfelice, der in Nardò für den Bischof Antonio, seinen Bruder, tätig ist.

191 Die Fassade der Kirche Rosario ist eines der Wahrzeichen des Barock von Lecce. Sie ist das letzte Werk des Giuseppe Zimbalo und entstand an der Schwelle zum 18. Jahrhundert. Hier scheint alle Erfindungskraft des Architekten zusammengefaßt; von unten nach oben wird die Ausschmückung immer effektvoller und gipfelt im großen, zentralen Fenster mit Statuen und Aufsätzen.

192 Ein Detail der Aufsätze in Form von Blumenvasen im oberen Teil der Fassade der Kirche Rosario in Lecce (vgl. Nr. 191). Dank der Weichheit des Tuffsteins, aus dem der größte Teil der Kirchen gebaut wurde, erreichten die Handwerker meisterhafte Ergebnisse, die die Kirchen von Lecce zu etwas Einzigartigem machen.

193 Durchgang zum Domplatz von Lecce. Er besteht aus zwei hohen Pfosten mit Statuen von Heiligen, die wie Kulissen auf einer Bühne

192

193

wirken; durch sie gelangt man unversehens auf den Platz, so daß man das Gefühl hat, eine Entdeckung zu machen.

194 Seitenansicht des Doms von Lecce. Die Fassade stößt rechts (im Bild hinten) direkt an den Bischofspalast, mit dem der Dom zusammengebaut ist. Der ganze Komplex, bestehend aus dem Dom – zusammen mit dem Glockenturm von Giuseppe Zimbalo umgestaltet –, dem Priesterseminar – das wir Giuseppe Cino verdanken – und dem Bischofspalast, bildet die ideale Kulisse für die prunkvollen kirchlichen und weltlichen Riten, die hier im 17. Jahrhundert abgehalten wurden.

194

195 *Die Porta Rudiae steht am Eingang zur Via Giuseppe Libertini, an der die Kirchen und Klöster der wichtigeren religiösen Orden stehen.*

195

196

196 Der Entwurf des Palazzo del Governo, einst Zölestinerkloster, wird Giuseppe Zimbalo zugeschrieben. Die Fassade dieses bedeutenden, 1659–1695 erbauten Gebäudes ist in elf gleiche Felder unterteilt; in der mittleren befindet sich das Eingangstor. Im obersten Stock, an dem seit 1689 Giuseppe Cino arbeitete, befinden sich nur zehn Fenster, weil das letzte, dasjenige gegen die Piazza Santa Croce, einem Verbindungsbogen Platz machen mußte. Der Palast und die Kirche Santa Croce daneben bilden eine harmonische, prunkvolle Einheit.

197 Die Kirche San Matteo mit der schönen Fassade, wo konkave mit konvexen Flächen abwechseln. Das Achille Carducci zugeschriebene und zwischen 1667 und 1700 errichtete Gebäude folgt in der Fassade den berühmten Entwürfen Francesco Borrominis für die Kirche San Carlino alle Quattro Fontane und das Oratorio dei Filippini in Rom. Außer den Fassadenverzierungen hat San Matteo auch Strukturelemente übernommen, z.B. den elliptischen Grundriß mit von Pfeilern abgetrennten Seitenkapellen und eine Galerie, die über den Arkaden verläuft.

197

198, 199 Ein Papiermaché-Kunsthandwerker in Lecce an der Arbeit. Es handelt sich um eine alte, seit vielen Generationen überlieferte Tradition; viele Statuen, die das Innere von Kirchen Apuliens und der benachbarten Regionen schmücken, stammen aus den Werkstätten Lecces. Diese sind auch berühmt wegen der reich ausgeschmückten Weihnachtskrippen, die den bekannteren neapolitanischen Modellen nahestehen.

198

199

200 *Auf der großen Piazza Sant' Oronzo in Lecce finden sich Denkmäler verschiedener Zeit und Herkunft: die Säule Sant' Oronzo, der Palazzo del Seggio und das römische Amphitheater. Das Baudatum dieses mächtigen Bauwerks, das 25 000 Zuschauern Platz geboten haben soll, schreibt die Forschung gewöhnlich der antoninischen Zeit (138–192 n.Chr.) zu. Im Palazzo del Seggio, der im 16. Jahrhundert unter dem Bürgermeister Pietro Mocenigo erbaut wurde, finden Kunstausstellungen statt. Die Säule Sant' Oronzo schließlich ist eine der am Ende der Via Appia am Hafen von Brindisi aufgestellten Säulen; sie wurde nach Lecce gebracht, um ein während der Pest 1656 abgelegtes Gelübde einzulösen.*

200

201 Ein Detail der Reliefs, die den oberen Teil der Mauer des Zuschauerraums schmückten (vgl. Nr. 200): Szenen, die sich auf die Kämpfe im Amphitheater bezogen.

201

202

202, 203 Die Kirche Santi Nicolò e Cataldo ist eine der ältesten von Lecce. Sie wurde 1180 gegründet und bewahrt Elemente jener Zeit in der 1716 von Giuseppe Cino ausgeführten Barockfassade: Die typischen Barockausschmückungen werden von der Rosette und vom romanischen Portal des ursprünglichen Bauwerks unterbrochen. Die von Lisenen unterteilte Fassade ist mit Statuen von Heiligen und Pflanzenarabesken geschmückt. Die Kirche mit einer originellen Kuppel in orientalischem Stil ist besonders interessant wegen des Innenraums mit Pfeilern verschiedener Stilrichtungen und wegen des lichtdurchfluteten Kreuzgangs.

203

204

Die befestigten Bauernhöfe

Die Bauernhöfe in Apulien haben über drei Jahrhunderte die Zentren eines Produktionssystems gebildet, das ungefähr im 14. Jahrhundert entstanden ist und seine Leistungsfähigkeit – mit wechselhaftem Los – bis Mitte dieses Jahrhunderts beibehalten hat. Unterschiedlich in Größe, Bauplan und Bodenbesitz, was sowohl mit der größeren oder geringeren Fruchtbarkeit des Bodens zusammenhängt (und folglich das Vorherrschen entweder von Ackerbau oder von Viehzucht bestimmt) als auch mit ihrem Ursprung oder der größeren oder geringeren Entfernung von den Städten, haben sie die Bauernlandschaft Apuliens geprägt und bilden heute noch ein wichtiges Merkmal, obwohl sie fast alle nicht mehr bewohnt sind und im landwirtschaftlichen Produktionszyklus keine Rolle mehr spielen.
Die Notwendigkeit, zu befestigen, d.h. die Gebäude auf dem Land so auszustatten, daß eine Verteidigung durch die Bewohner möglich ist, entstand in der Antike, ist also wesentlich älter als die Bauernhöfe, und dauerte bis in die letzten Jahrzehnte des 19. Jahrhunderts.
Davon zeugt einerseits die Tatsache, daß schon während der Kaiserzeit (4. Jahrhundert n.Chr.) der Kaiser Valentinian II. – um Kriminalität, Raubzüge und Viehraub auf dem Land in Apulien einzudämmen – den Einsatz und den Besitz von Pferden verbieten und dem militärischen Ordnungsdienst vorbehalten mußte, und andererseits, daß auch nach der Einigung Italiens im 19. Jahrhundert jenes soziale Phänomen, das als «Banditentum» bezeichnet wird, weiterbestand. Lange Zeit standen auch alle Küstenorte unter dem Terror – der sich heute noch in den Volkstraditionen zeigt – der Streifzüge von Seeräubern ins Landesinnere. Im Fall der Bauernhöfe bestand die Schutzfunktion darin, daß der Ort, an den sich Personen mit ihrer Habe und Tiere flüchteten, uneinnehmbar gemacht wurde durch hohe Mauern mit Beobachtungspunkten (fast immer an den Ecken mit entsprechend erhöhten Mauern und Schießscharten) sowie durch Türme mit Terrassen und oberen Stockwerken, die nur über Ziehbrücken oder einziehbare Leitern erreicht werden konnten. Eine eigentliche Verteidigung war dann möglich, wenn die Umfassungsmauern (mit oder ohne Wehrgänge) mit Schießscharten und Zinnen ausgerüstet waren, von denen aus man mit Bogen und Armbrust, später mit Handfeuerwaffen, die Angreifer zurückweisen konnte. An der Einfassungsmauer der Terrassen oder an den in den dicken Mauern oder unter den Stützen der Gewölbe eigens dafür geschaffenen Gängen wurden ebenfalls Schießscharten angebracht und an Türen und Fenstern Pechnasen.
Auf der ganzen salentinischen Halbinsel gibt es zahlreiche befestigte Bauernhöfe, fast immer mit Türmen oder sowohl mit Umfassungsmauern als auch mit Türmen. Diese letzteren, die längs der Küste vor allem als Auslug dienten, sind oft die mächtigsten Elemente der Gebäude, die den Bauernhof bilden. Die dicke und lückenlose Umfassungsmauer ist im allgemeinen mit einem einzigen, von Pechnasen gekrönten Tor versehen.
Die Veränderungen der letzten Jahrzehnte, die Mechanisierung der Landwirtschaft, die zurückgehende Zahl der Beschäftigten und die umfassende Veränderung der Infrastrukturen haben dazu geführt, daß diese Bauernhöfe fast alle verlassen sind und nur noch dort überleben, wo traditionelle Viehzucht weiterbesteht.

204 *Der Bauernhof Torre in der Nähe von Copertino. Hier hat das Gebäude festungsartigen Charakter angenommen, der seine bäuerliche Funktion, die solche Bauten trotz allem erfüllten, überdecken; die viereckigen Ecktürme verstärken noch den Eindruck einer regelrechten ländlichen Festung.*

205–207 Einige Aufnahmen des Bauernhofs Melcarne. Man erreicht ihn über einen kurzen Feldweg, der von der Straße abzweigt, die Surbo mit Torre Rinaldi verbindet. Die Terrasse (Nr. 205), der Turm mit dem Taubenhaus daneben, das in verkleinertem Maßstab die Form des Gebäudes nachahmt (Nr. 206), und die Innenräume mit Gewölben (Nr. 207) verleihen diesem schönen Bau ein einzigartiges Aussehen. Das Gebäude stammt aus dem Ende des 16. oder den ersten Jahrzehnten des 17. Jahrhunderts, wurde aber in der ersten Hälfte des 18. Jahrhunderts Restaurierungsarbeiten unterzogen, die das strenge Aussehen des Turm gemildert, ihn seines Festungscharakters entkleidet und in einen Sommeraufenthaltsort für die Besitzer verwandelt haben.

205

S. 256/257
208 Nardò in der Provinz Lecce ist vom Barock geprägt, der sich nicht zuletzt in der großen Piazza Salandra zeigt (Bild); aus dem 18. Jahrhundert stammen auch der Palazzo della Pretura und die Kirche San Domenico.

206

207

SALI
TABACCHI
E VAL. BOLLATI
TABACCHI
Totocalcio
CARNI

CONSENTITO
MAGISTRATI
PRETURA NARDÒ

209, 210 Typische Motive aus Galatina südlich von Lecce. Sowohl die Paläste als auch die weißgetünchten Häuser werden durch Verzierungen bereichert, wie z.B. Fenster oder Tore aus behauenem Stein, die an die spanische Periode erinnern. Diese Überlagerung der Stile, die sich aus der besonderen historischen Situation erklärt, hat durchaus ihren eigenen Reiz: Die Innenhöfe (Nr. 210) leiten sich eindeutig vom andalusischen Patio her.

209

210

211, 212 Die Fresken der Kirche Santa Caterina in Galatina. Dieser eigenartige Zyklus wurde in der ersten Hälfte des 15. Jahrhunderts von verschiedenen Künstlern ausgeführt, die aus den Marken oder der Emilia-Romagna nach Apulien kamen. Die Fresken weisen spätgiottesken Stil auf mit neapolitanischen Einflüssen.

211

S. 262/263
213 Der Wall und die Panoramastraße, die Gallipoli umgeben, das auf allen Seiten gegen das Ionische Meer offene Städtchen. Seine besondere Lage hatte eine an Belagerungen und Schlachten reiche Geschichte zur Folge, die von Venezianern, Spaniern und Türken geschrieben wurde; die Spuren dieser Vergangenheit finden wir noch in den Befestigungsmauern und in der Burg. Das antike Gallipoli wurde von den Griechen nach einem Siedlungsplan gebaut, der dem von Syrakus ähnlich ist. Bis Ende des 16. Jahrhunderts war es in Sprache, religiösen Riten und Bräuchen griechisch.

212

214–216 Otranto, im äußersten Osten des Salento gelegen, stellt seit jeher eine Art Rätsel dar in der Geschichte Süditaliens und besonders Apuliens. Schon seine Lage im Stiefelabsatz scheint schwierig, zwischen Lecce im Norden und dem Kap Santa Maria di Leuca an der Südspitze Apuliens. Die Stadt wurde sehr früh gegründet und gelangte zu einer Blütezeit unter den Griechen und den Römern. 1480 wurden während eines Kriegszugs des türkischen Sultans Süleyman II. 800 Einwohner getötet («Märtyrer von Otranto»). Die Stadt bewahrt einen besonderen Reiz in ihren Baudenkmälern, vor allem in der Kathedrale mit ihrem geheimnisvollen, bedeutenden Fußbodenmosaik. Das Mosaik bedeckt das ganze Mittelschiff, die Seitenschiffe und das Presbyterium; es wurde um 1165 von ortsansässigen Arbeitern nach den Entwürfen eines Mönchs, Pantaleone, im Auftrag des Bischofs Wilhelm I. ausgeführt. Ein großer Baum, von Elefanten gestützt, mit einer Menge Menschen und Tieren ist im Hauptschiff abgebildet; in den Seitenschiffen und in der Apsis sind Rittersagen, Szenen alltäglicher Arbeit, Geschichten Jonas' und ein Zyklus aus der Genesis dargestellt. – In der Cappella dei Martiri rechts vom Presbyterium werden die Überreste von 560 während des Türkenüberfalls Gefallenen aufbewahrt.

214

215

216

217–219 Lange Straßen mit niedrigen, in Pastellfarben gestrichenen Häusern in Marittima, einem kleinen Dorf der salentinischen Halbinsel nicht weit vom bekannteren Castro und den berühmten Grotten an der Küste.

217

218

219

220, 221 Apulien produziert über ein Fünftel des italienischen Tabaks. Das Produkt ist auf dem Markt sehr begehrt wegen seiner besonderen Qualität. Im Salento finden die Tabakpflanzen ideale Wachstumsbedingungen und erreichen nach dem Trocknen das nötige Aroma.

220

S. 270/271
222 Ein bezaubernder Küstenabschnitt südlich von Otranto bei der Ortschaft Torre Sant' Emiliano. Hier bietet die felsige, zerklüftete Küste ständig neue Ausblicke mit zahlreichen natürlichen Buchten.

221

Die Steinlandschaft

223 Es ist nicht schwierig, im Salento die charakteristische Steinlandschaft mit den bäuerlichen Bauten und den Trockenmauern zu finden; man muß nur die Hauptstraßen verlassen und Nebenstraßen einschlagen, die sich durch Rebgärten und Olivenhaine winden. Obwohl sie stark vom Verfall bedroht ist, bleibt die Steinlandschaft eines der spezifischen Symbole der Individualität des Salento.

In den letzten Jahrzehnten veränderte sich die salentinische Bauernlandschaft stark. Der Preis dafür war hoch: Zerstörung in den Entwicklungszonen und Isolierung in den Krisenzonen. Nur in den abgelegenen Gebieten des Landesinnern hat die archaische salentinische Landschaft überlebt. Um dieses Salento kennenzulernen, muß man die anonymen Außenbezirke der Siedlungen hinter sich lassen und ziellos den Nebenstraßen folgen, die sich träge durch Rebberge und Olivenhaine winden. Unter dem blendenden Licht, das die Farben ausbleicht, zeichnet sich allmählich eine bezaubernde Steinlandschaft ab mit Trockenmauern, die oft von der spontanen Vegetation überwuchert werden, und mit bäuerlichen Bauwerken. Über Generationen haben die Bauern während der beschäftigungsarmen Jahreszeit Steine aus den Feldern gelesen und damit diese Landschaft konstruiert, in der sich der Rhythmus des Bauernlebens, die Merkmale einer archaischen Landschaft und die besondere Bodenbeschaffenheit widerspiegeln.
Diese «Zeichen» des Menschen entstanden allmählich, nach elementaren Schemata und unveränderten Techniken mit dem dürftigen, zur Verfügung stehenden Material. So entstanden die Konstruktionen ohne Mörtel, einfache, temporäre Unterkünfte, die jedoch interessante Modelle bäuerlicher Architektur darstellen. Dieses «Zeichensystem» – anfällig wegen der Bauart, ohne Mörtel und oft ohne Fundamente, aber dauerhaft wegen des benutzten Materials, des Kalksteins – läßt keine Teilverbesserungen zu, sondern verlangt periodisch gründliche Unterhaltsarbeiten, die sich der Bauer nicht leisten kann. So kommt es zum allmählichen, aber irreversiblen Zerfall. Trotz dieser Verfallserscheinungen bleibt jedoch die Steinlandschaft das Symbol der Individualität des Salento.

S. 270/271
224 Leuca, an der äußersten Südspitze Apuliens gelegen, mit der Fin-de-siècle-Stimmung seiner zentralen, besser erhaltenen Zonen bezeugt eine Bautätigkeit in originellen und elitären Formen an der Schwelle des 20. Jahrhunderts. In der eklektischen Bauweise der Villen von Leuca, in denen sich für jene Zeit typische maurische

223

Einflüsse oder klassizistische und palladianische Reminiszenzen bemerkbar machen oder gar mischen, legen die Auftraggeber unter dem Eindruck der Besonderheit der Stadt- und Agrarlandschaft des südlichen Salento eigene, außergewöhnliche Tendenzen zu Phantasiespielen an den Tag. Die Auftraggeber sind vermögende, vom prunkvollen Barock der großen Paläste und der Bauernhöfe im Landesinnern beeinflußte, vornehme Leute, und die oft unbekannten Architekten entwerfen geräumige, komfortable Behausungen. Die Villen weisen in einigen Fällen eigenartige Nebengebäude auf: kleine, gemauerte Pavillons direkt am Meer, die den Damen Gelegenheit zu einem Bad ungestört von neugierigen Blicken geben. Ein Beispiel solch kurioser Bauweise ist auf der Rückseite des Umschlags abgebildet.

Isole Tremiti
Termoli
Rodi Garganico
Peschici
Vieste
Vico del Gargano
Carpino
Lago di Lesina
Lago di Varano
Sannicandro Garganico
PROMONTORIO DEL GARGANO
Monte S. Angelo
Mattinata
S. Marco in Lamis
S. Maria di Pulsano
S. Severo
Siponto
Manfredonia
Molise
Lago di Occhito
TAVOLIERE
Lucera
FOGGIA
Golfo di Manfredonia
Margherita di Savoia
Saline
Troia
S. Ferdinando di Puglia
Barletta
Trani
Cerignola
Canosa di Puglia
Andria
Molfetta
Deliceto
Ofanto
S. Agata di Puglia
Ruvo di Puglia
Bitonto
BARI
Ariano Irpino
Castel d. Monte
Polignano a Mare
Monopoli
Melfi
Venosa
LE MURGE
Grotte di Castellana
Gravina in Puglia
Altamura
Gioia del Colle
Alberobello
Cisterino
Locorotondo
Ostuni
Martina Franca
MATERA
BRINDISI
POTENZA
Basento
Bradano
Ginosa
Grottaglie
Francavilla Fontana
Mesagne
Oria
Campania
Basilicata
TARANTO
Erchie
Guagnano
LECCE
Sava
Manduria
PENISOLA SALENTINA
Acaia
Lequile
Cavallino
S. Cesario di Lecce
Calimera
Acropoli
Agri
Golfo di Taranto
Nardò
Soleto
Otranto
Noha
Galatone
Maglie
Lagonegro
Gallipoli
Parabita
Sapri
MAR ADRIATICO
MAR IONIO
Leuca
Capo S. Maria di Leuca
Castrovillari
Scala 1 : 1 400 000
0 10 20 30 km
Calabria

Abriß der Geschichte Apuliens

Apulien war bereits im Paläolithikum besiedelt. Von jenseits des Adriatischen Meeres (Illyrien und Epirus) wanderten Völker ein, die später bei den Griechen Japyger hießen und in Daunier, Peuketier und Messapier (vom 19. bis 16. Jahrhundert v.Chr.) unterteilt wurden. Diese ethnischen Gruppen widerstanden mit starkem Unabhängigkeitswillen den griechischen Kolonisatoren, zunächst denen aus Mykenä (vom 15. bis 12. Jahrhundert v.Chr.), die dann vier Jahrhunderte (vom 12. bis 8. Jahrhundert) neben den Japygern lebten, ohne sich mit ihnen zu vermischen; Widerstand leisteten sie auch den Kolonisatoren aus Sparta und Lakonien (8. Jahrhundert v.Chr.), die den Grundstein legten zu der prächtigen Kultur der Magna Graecia an den Küsten des Ionischen Meeres. Zentrum dieser Kultur war Tarent, die reiche, mächtige und gelehrte Stadt, die ihren Einfluß auf die umliegenden Gebiete bis nach Metapont in der heutigen Basilicata ausübte.

Obwohl die Messapier – ein Volk von Hirten, Bauern und Pferdezüchtern – gewisse griechische Einrichtungen wie das Alphabet übernahmen, widerstanden sie während drei Jahrhunderten (vom 7. bis 4. Jahrhundert) den Versuchen Tarents, sie zu unterwerfen. Auch den römischen Soldaten und Kolonisatoren, die die Kolonien Lucera (314 v.Chr.) und Venosa (ca. 290 v.Chr.) gründeten, leisteten sie Widerstand. Aber Rom gelang es, die ganze Region zu erobern (vom Ende des 4. Jahrhunderts v.Chr. an) und zu latinisieren, indem es seine Institutionen und seine Gesetze einführte. 272 v.Chr. wurde Tarent römisch. Die so in Verwaltung, Sprache und Kultur geeinigte Region gewann als obligatorisches Durchgangsland für Handel und Schiffsverkehr mit den Mittelmeerländern ständig an Bedeutung. Nach dem Zweiten Punischen Krieg wuchs die Bedeutung von Brindisi als Militär- und Handelshafen, und die Kolonie Sipontum wurde gegründet. Während der Zeit der Republik und des Kaiserreichs wurde Apulien immer mehr in die römische Welt integriert. Die ökonomische Entwicklung wurde durch die Kolonisierung der Gegend und den Bau von Straßen wie der Via Appia und der Via Traiana günstig beeinflußt und war außer auf die traditionellen Bereiche Ackerbau und Viehzucht auch auf Fischfang und Handel gegründet. Die Städte blühten, und die Region genoß die Vorteile der römischen Justiz und Verwaltung, wovon zahlreiche Überreste öffentlicher Bauwerke wie Brücken und Amphitheater zeugen. Seit dem 3. Jahrhundert n.Chr. verbreitete sich das Christentum, und im 4. und 5. Jahrhundert entstanden viele Bischofssitze, die während der Zeit des Verfalls des Kaiserreichs, als die staatlichen und gesellschaftlichen Strukturen in Auflösung begriffen waren, wertvolle Dienste leisteten. Wenige Jahrzehnte nach dem Byzantinisch-Gotischen Krieg (535–553) besetzten die Langobarden des Herzogtums Benevent die Daunia und eroberten im 7. und 8. Jahrhundert Bari, Tarent und Brindisi. Den untersten Teil des Salento mit Otranto und Gallipoli überließen sie den Byzantinern.

Im 9. Jahrhundert hatte Apulien unter internen Zwisten der Langobarden aus Benevent und unter Raubzügen der Sarazenen zu leiden. Von 847 bis 871 war Bari Hauptstadt eines Emirats. Okzident und Orient bekriegten einander, während sich die ethnische Vielfalt durch Völker des östlichen Mittelmeerraums bereichert hatte: Griechen, Slawen, Sarazenen (Araber und Berber) und Juden (die Albaner folgten erst im 15. Jahrhundert). Benediktinerklöster und griechische Mönchsgemeinschaften blühten. Apulien wurde vollständig von den Byzantinern wiedererobert (Bari 876, Tarent 880); Bari wurde Militär- und Verwaltungszentrum und Sitz des Catapano (byzantinischer Statthalter).

Als byzantinische Provinz erlebte die Region um das Jahr 1000 einen beachtlichen ökonomischen Aufschwung: größere Städte, besser bebautes Land, Bau von Kirchen und Kathedralen, Handel

mit Venedig, Dalmatien und dem östlichen Mittelmeerraum einschließlich des Orients. Die städtische Mittelschicht nahm zu, legte Unternehmungsgeist an den Tag und strebte nach politischer Unabhängigkeit. Die Normannen begannen die Region zu erobern, und Ende des 11. Jahrhunderts befand sie sich ganz unter normannischer Herrschaft.
1087 wurde der Leichnam des hl. Nikolaus, Bischof von Myra an der türkischen Südküste, aus Kleinasien nach Bari gebracht. Er wurde zum Schutzheiligen der Stadt, was Bari zu einem bedeutenden religiösen Zentrum machte, von wo aus die Nikolausverehrung sich im ganzen Abendland ausbreitete.
Im 12. Jahrhundert herrschte eine Zeit des Wohlstands. Damals entstanden Burgen und romanische Kathedralen, die der Region heute noch ihre historische Physiognomie verleihen. Später wurden jedoch schrittweise den süditalienischen und apulischen Händlern die der nördlichen Küstenstädte vorgezogen, womit der Grundstein zur künftigen Kluft zwischen Süd- und Norditalien gelegt wurde.
Am Ende des 12. Jahrhunderts folgte auf die normannische Dynastie diejenige der Staufer mit Heinrich VI. (1194–1197). Sein Sohn Friedrich II., seit 1208 deutscher König und seit 1220 Kaiser, schleifte in Apulien Mauern und Verteidigungstürme, entzog den Küstenstädten ihre Autonomie, belegte die Städte mit harten Steuern und zwang seine Autorität denen auf, die während seines Kreuzzugs 1228 für Papst Gregor IX. Partei ergriffen hatten, führte aber auch Jahrmärkte ein in Lucera, Bari, Tarent, Venosa und Altamura, sicherte den inneren Frieden durch eine strenge Verwaltung und gründete und restaurierte Städte. Es entstanden mächtige Zivil- und Militärbauten, z.B. das herrliche Castel del Monte bei Andria. Seine kostenverschlingende Kaiserpolitik, die Kriege, die er gegen äußere Feinde führen mußte, und die Steuern, die er erhob, um diese Kriege finanzieren zu können, hatten Auswirkungen auf die Produktion und den Handel: Nach seinem Tod 1250 begann eine lange Zeit ökonomischen Verfalls.
Später geriet Apulien unter die Herrschaft Karls I. von Anjou, des ersten Herrschers dieser neuen Dynastie, der 1268 den letzten Staufer, Konradin, in Neapel enthaupten ließ; in seinem Gefolge kamen französische Beamte und Adlige nach Süditalien und stellten die Region unter Feudalherrschaft. Nach einer Zeit der Anarchie versuchten die aragonesischen Herrscher Alphons I. (1442–1458) und Ferdinand I. (1458–1494), in der Region den Frieden wiederherzustellen, aber viele Städte gerieten erneut unter Feudalherrschaft; 1464 wurde das Herzogtum Bari den Sforza von Mailand unterstellt. 1480 eroberten die Türken Otranto und richteten unter den Einwohnern ein Blutbad an («achthundert Märtyrer»); dies führte zu einem Verteidigungskrieg bis 1484, an dem Venedig teilnahm. Ende des Jahrhunderts war die Region in die Kriege zwischen Spaniern und Franzosen verwickelt.
Mit dem Frieden 1529 kam Apulien unter spanische Herrschaft und wurde vom Vizekönig in Neapel regiert. Die Region wurde ein befestigtes Bollwerk gegen die Einfälle der Türken, die Häfen wurden geschlossen und der Handel mit dem Orient abgebrochen, was der durch die spanische Steuerlast bereits verarmten Landwirtschaft weiteren großen Schaden zufügte. Der Tavoliere wurde den Hirten überlassen, der Fischfang ging zurück, der Besitz der Kirche nahm zu und Städte und Dörfer entvölkerten sich. Im 16. und 17. Jahrhundert wurde Apulien, wie ganz Süditalien, schlecht regiert: Die Mittelschicht verarmte und das Volk wurde unterdrückt, dem Straßensystem wurde keine Beachtung geschenkt, was im 17. Jahrhundert zur Verbreitung des Banditentums führte, eine schmerzliche Erscheinung sozialen Verfalls, die bis über die Einigung der Nation im 19. Jahrhundert hinaus

(Gründung des Königreichs Italien) andauerte. Mit dem Friedensvertrag von Wien (1738) wurde die Region Karl III. aus der spanischen Linie des Hauses Bourbon zugeteilt, dem Herrscher des Königreichs Neapel-Sizilien. Karl und sein Nachfolger Ferdinand IV. (1759–1806) hörten auf erleuchtete Ratgeber wie Bernardo Tanucci, der zwischen 1734 und 1777 Reformen einführte, die die Mißbräuche der Feudalherrschaft und die Privilegien der Kirche eindämmten. Öffentliche Gebäude wurden gebaut, Straßen und Häfen wieder geöffnet (1778 der Hafen von Brindisi), Steuerreformen ausgeführt, mit Urbarmachungen begonnen und die Besiedlung unbebauten Landes begünstigt, aber mehr als die Hälfte der Gemeinden blieb unter Feudalherrschaft. Mit der Aufklärung gelangten liberale und demokratische Ideen nach Apulien.

Während des «französischen Jahrzehnts» unter Joseph Bonaparte (1806–1808) und Joachim Murat (1808–1815) als Königen von Neapel fanden in Apulien Reformen nach französischem Muster statt. Das wichtige Gesetz, mit dem die Feudalherrschaft abgeschafft wurde, wurde 1806 eingeführt, der Tavoliere wurde besiedelt, in den größeren Städten entstanden neue Viertel. Diese Reformen führten jedoch zu keinen dauerhaften Veränderungen in der Region.

Nach dem Wiener Kongreß (1815), der dem französischen Intermezzo ein Ende bereitet hatte, kehrte Neapel und damit Apulien unter die Herrschaft des obenerwähnten spanischen Bourbonen Ferdinand IV. zurück, der die früheren Reformansätze annullierte. 1848 befanden sich auch Abgeordnete aus Apulien im Parlament und setzten sich für die Lösung der Probleme der Region ein. Aber während der Reaktion 1851/1852 wurden die besten süditalienischen und apulischen Intellektuellen in die Gefängnisse der Bourbonen geworfen. Viele Apulier nahmen an Garibaldis «Zug der Tausend» teil. Foggia erhob sich im August 1860. Beim Plebiszit waren in Apulien mehr als 275 000 für und weniger als 2000 gegen die Einigung Italiens.

Die Einigung Italiens bedeutete für die Region das Ende einer tausendjährigen Geschichte von Fremdherrschaft, Abhängigkeit, Besetzungen, Revolten und Unterdrückungen und den Anfang einer neuen Geschichte, aber auch des sogenannten «Problems Süditalien». Die Detailprobleme – ökonomische Rückständigkeit im Vergleich zu Norditalien, Banditentum, Armut der Bauern, Emigration und Analphabetentum – wurden von den piemontesischen Herrschern mit unangemessenen Mitteln angegangen; diese waren zwar guten Willens, doch stand ihnen ihr Konservativismus im Wege.

Von 1860 bis 1915 förderten jedoch neue Straßen und Urbarmachungsarbeiten die Bevölkerungszunahme vieler Agrarorte, während sich eine neue Klasse großer und mittlerer Grundbesitzer herausbildete, was dank der größeren finanziellen Mittel, die nun zur Verfügung standen, zur Umwandlung der Kulturen beitrug. Seit 1900 werden in Apulien Reben, Obst- und Olivenbäume angebaut. Die Produktion fand dank der guten Transportverbindungen zunehmend auf in- und ausländischen Märkten Absatz.

Während des Faschismus erhielt das kulturelle Leben bedeutenden Auftrieb durch die Gründung der Universität von Bari (1925), der Handel durch die Fiera del Levante in Bari (seit 1930) und die Landwirtschaft durch den Bau der apulischen Wasserleitung.

Als 1946 Italien eine Republik wurde, nahm Apulien seine Entwicklung wieder auf mit lebhaften politischen und sozialen Kämpfen, in die politische Parteien, Gewerkschaften und das Volk verwickelt waren. Die Bodenreform 1950 erwirkte eine geringe Neuverteilung des Landwirtschaftsbodens, während durch die Einrichtung der Cassa per il Mezzogiorno der Region beträchtliche Geldmittel zuflossen. Seit 1957 konzentrierte die Cassa ihre Unterstützung auf die Industrialisierung der Städte.

Verzeichnis der Abbildungen

Die Nummern beziehen sich auf die Abbildungen

Alle Fotografien wurden von Francesco Radino aufgenommen, außer den folgenden: Toni Nicolini (Archiv TCI) 9, 10, 11, 12, 172, 173, 174, 180